デザイン好きのための
北欧トラベル案内

Travel guide book of scandinavian stay and design

Scandinavian Traveller's Guide

Copenhagen / Stockholm / Helsinki / Oslo

Introduction

「北欧デザイン」ということばが、日本ではちょっとしたブームになりました。シンプルで、力強く、そして人間の生活に見合ったやさしいデザインが、私たち日本人が好む感覚に、ぴったりと合っているからなのでしょう。

日本では、「デザイナーズ家具」のように扱われている北欧の家具ですが北欧に住む人々は、ごく自然にそれらを毎日の暮らしの中で使っています。アルネ・ヤコブセンのセブンチェアや、ルイスポールセンのPHランプ、マリメッコのテキスタイル、イッタラのテーブルウェア……

実際に北欧へ行くと、北欧生まれのデザインが驚くほど街に溢れています。現地で購入しても決して安価ではないのにもかかわらず、彼らはあえて、これらを選んで使っているのだそうです。

それは、自分たちの国を心から愛し、暮らしの中のデザインを大切にしているから。

親の世代、祖父母の世代から受け継がれるものを丁寧に扱い、当たり前のように家庭のインテリアに取り入れる感覚こそ「北欧デザイン」が魅力的に映る、ひとつの大きな理由でしょうか。

弊社刊行『北欧スタイル』は、そんな北欧の人々の暮らしとデザインについてこれまでにたくさんの取材を重ねてきました。長く愛されて続けている銘品・名作家具から最新スカンジナビアンデザインまで、あらゆる『北欧デザイン』に密着し続けて、早いもので5年が経ちます。

本書は、まさに『北欧スタイル』の集大成ともいえるガイドブック。せっかく北欧へ行くのであれば、『北欧デザイン』を満喫したいという方に向けく本当におすすめできる場所ばかりをご紹介します。

ぜひ本書を片手に、北欧デザインづくしの旅に出かけてみてください。

※本書に掲載しているお店、施設の情報は2007年5月現在のものです

Contents

- 007 **デンマーク・コペンハーゲン**
  - 010 コペンハーゲンの基礎知識／交通情報
  - 017 コペンハーゲンのショッピング
  - 035 コペンハーゲンのレストラン＆カフェ
  - 049 コペンハーゲンの見所
    - 050 着いたその日に楽しめるコペンハーゲンガイド
    - 056 ミュージアムツアーのすすめ
    - 060 アルネ・ヤコブセンをめぐる旅
    - 064 コペンハーゲン建築ガイド
    - 068 見逃せない！コペンハーゲン観光スポット
  - 069 コペンハーゲンのホテル
  - 080 北欧プロダクトブランド辞典-01

- 081 **スウェーデン・ストックホルム**
  - 084 ストックホルムの基礎知識／交通情報
  - 092 ストックホルムのショッピング
  - 101 ストックホルムのレストラン＆カフェ
  - 107 ストックホルムの見所
    - 108 アスプルンドの建築に酔いしれる-01　森の十字架
    - 112 アスプルンドの建築に酔いしれる-02　ストックホルム市立図書館
    - 116 陶器好きにはたまらない！グスタフスベリ陶磁器博物館
    - 120 スウェーデン発、北欧モダンファニチャーガイド
    - 122 見逃せない！ストックホルム観光スポット
  - 123 ストックホルムのホテル
  - 128 北欧プロダクトブランド辞典-02

129　フィンランド・ヘルシンキ
　132　ヘルシンキの基礎知識／交通情報
　139　ヘルシンキのショッピング
　147　ヘルシンキのレストラン&カフェ
　155　ヘルシンキの見所
　　156　フィンランドの建築めぐり
　　160　アルヴァ・アアルトをめぐる旅
　　168　人気ブランド、イッタラとマリメッコ
　　170　見逃せない!ヘルシンキ観光スポット
　171　フィンランドのホテル
　176　北欧プロダクトブランド辞典-03

177　ノルウェー・オスロ
　180　オスロの基礎知識／交通情報
　182　オスロ、ダイジェストガイド
　192　見逃せない!オスロ観光スポット

193　日常の中こそ北欧デザインの宝庫
　194　郵便局編
　196　スーパーマーケット編

199　フライト直前デザイン案内
　200　カストラップ国際空港編
　204　スカンジナビア航空編
　208　カストラップ国際空港マップ

210　街あるきMAP

222　旅のインフォメーション

＊綴じ込み付録:北欧4都市マップ

Scandinavian
Traveller's Guide
Travel guide book of
Scandinavian lifestyle and
design

Scandinavian traveler's guide
Copenhagen
コペンハーゲン

世界的にも有名なデザインを多く生み出した
デンマークの首都、コペンハーゲン。
「デザインの聖地」とも呼べるこの街を歩いていると、
当然ながらあちこちで美しいデザインを
見たり感じたりすることができるだろう。
街並みや、標識、看板などのグラフィックデザイン、
スーパーマーケットに並んでいる生活雑貨……。
グッドデザインがあふれる街へ、さあ飛び立とう!

Denmark 008

Denmark Copenhagen

北欧の玄関口 コペンハーゲン

コペンハーゲンの楽しみ方

　コペンハーゲンに到着した瞬間からデザインに出会う旅ははじまる。建築的に有名なカストラップ空港は、デザイン好きにはたまらないスポットだ。しかし、見るべきものはあまりにも多い。税関を出てすぐにあるポール・ケアホルムのPK22に腰をかけたらすぐに先を急ごう。空港から市街へと向かう道すがら、街が近づくにつれ建物が目に入ってくる。レンガ色の建物、運河沿いにはガラス張りの透明感あふれる前衛建築。クラシックとモダンが織り成す街並みに軽い驚きをおぼえる。ビルのエントランスやショップにルイスポールセン社の名作照明が当たり前のように使われている光景を見て、「デザインの国」に来たのだと実感するはずだ。ホテルに着いて荷物をほどいたら、すぐに向かいたいのはストロイエ。石畳の歩行者天国の両側には高級ブティックが立ち並び、ときおり広場や教会が現れ、遠くには緑青が浮いた尖塔が見えてくる。そんな歴史の道をそぞろ歩くとコンゲンス・ニュートー広場に着く。すると絵葉書で見た景色はもうすぐそこだ。そうカラフルな建物が運河沿いに並ぶニューハウンはいつも観光客で賑わっている。運河沿いのカフェでひと休みしながら、旅の計画をもう一度おさらいしよう。アルネ・ヤコブセンの建築を見たいなら、ラディソSASロイヤルホテルを見なければならないし、レストランヤコブセンで食事もしたい。家具好きならハンス・J・ウェグナーやボーエ・モーエンセンのヴィンテージ家具を探しショップ巡りを。そして建築とアートを見たいならルイジアナ美術館のある郊外へと足を延ばさねばならないだろう。そう、ここはデザインの国。観るべきものはたくさんあるのだ。

デンマークの地理

北欧諸国のなかで最小の国で最も南に位置し、ドイツと国境を接してヨーロッパに続いているデンマーク。ユトランド半島、シェラン島、フュン島と500以上の島国から成り、西は北海、東はバルト海に面している。高山、大河はないが、丘や森などの景色は変化に富んでいる。コペンハーゲンはシェラン島の北東部に位置する人口約183万人の都市。

ことば

公用語はデンマーク語だが、ほとんどの人が英語を話せる。

すぐに使えるデンマーク語

数字			あいさつ&返事			曜日		
0	nul	ヌル	やあ／ハイ	Hej.	ハイ	月曜日	mandag	モンディ
1	en	イン	こんにちは	God dag.	グッディ	火曜日	tirsdag	ティアズディ
2	to	トゥ	おはよう	God morgen.	グッド モーアン	水曜日	onsdag	オンズディ
3	tre	トゥレ	こんばんは	God aften.	グッド アフテン	木曜日	torsdag	トーズディ
4	fire	フィーヤ	おやすみなさい	God nat.	グッド ネット	金曜日	friedag	フライディ
5	fem	フェム	さようなら	Hej hej.	ハイハイ	土曜日	lørdag	ローディ
6	seks	セクス		Farvel.	ファーヴェル	日曜日	søndag	ソンディ
7	syv	シュ	ありがとう	Tak.	タック	今日	idag	イディ
8	otte	オーテ	ごめんなさい	Undskyld.	オンスク	昨日	igår	イゴー
9	ni	ニ	どういたしまして	Velkommen.	ヴェルコメン	明日	imorgen	イモーアン
10	ti	ティ	わかりました	Javel.	ヤヴェル			

時差とサマータイム

日本時間からマイナス8時間。サマータイムは、3月最終日曜日から10月の最終日曜日まで。この時期は、時間が1時間早くなり、時差が7時間になる。

電話

通常、ホテルの部屋から電話をかけると手数料がかかるので、公衆電話からかける方がおトク。公衆電話はコイン用とテレホンカード用の2種類。使える硬貨は、1、2、5、10、20DKKで、コインを入れてからダイヤルをする。相手が話中の場合、コインは戻ってこないので要注意。クレジットカードが使用できるタイプの電話は、空港や大きな駅にしかない。国際電話は、どの電話からもかけることができる。テレホンカードも普及しており、キオスクなどの売店で簡単に購入できる。

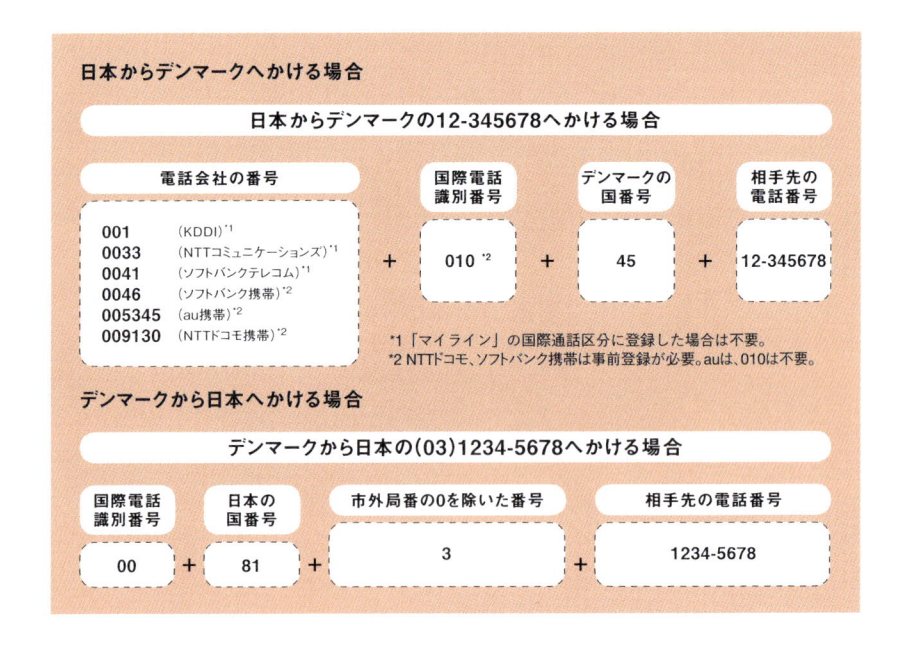

日本からデンマークへかける場合

日本からデンマークの12-345678へかける場合

電話会社の番号	国際電話識別番号	デンマークの国番号	相手先の電話番号
001　(KDDI)[*1] 0033　(NTTコミュニケーションズ)[*1] 0041　(ソフトバンクテレコム)[*1] 0046　(ソフトバンク携帯)[*2] 005345　(au携帯)[*2] 009130　(NTTドコモ携帯)[*2]	010 [*2]	45	12-345678

[*1]「マイライン」の国際通話区分に登録した場合は不要。
[*2] NTTドコモ、ソフトバンク携帯は事前登録が必要。auは、010は不要。

デンマークから日本へかける場合

デンマークから日本の(03)1234-5678へかける場合

国際電話識別番号	日本の国番号	市外局番の0を除いた番号	相手先の電話番号
00	81	3	1234-5678

おかね

通貨はデンマーク・クローネ（Krone）。国際表示は「DKK」だが、国内で値札などに使用している表示は「kr」。補助通貨としてØre（オーレ）がある。紙幣は、50、100、200、500、1000DKK。コインは、25、50øre、1、2、5、10、20DKK。両替は銀行や空港、フェリーやバスのターミナル、駅などで可能。街にはForexという両替所がある。
＊1DKK＝100Øre＝21.43円（2007年4月現在）

チップ

料金にサービス料が含まれている場合がほとんどなので、チップは特に必要ない。レストランなどで、サービス料が含まれていないときは7～10％ぐらいのチップを渡す。

税金

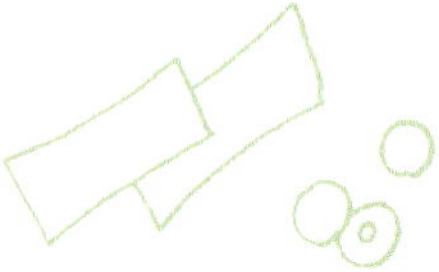

物品には25％の付加価値税（VAT）が課せられており、旅行者がグローバル・リファウンドの加盟店で購入額した場合、最大で購入金額の19％が還付される。「TAX FREE」の表示のある店で300DKK以上の買い物をしたら、旅行者である旨を申し出て、所定の書類（リファウンド・チェック）を作成してもらおう（要パスポート）。
＊詳細はグローバル・リファウンド・ジャパンHP参照　www.globalrefund.com/

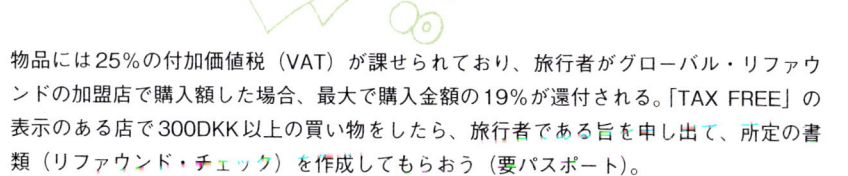

郵便

国際郵便のシステムは、郵便物をポストに投函するAクラスと、郵便局で指定の箱に投函するBクラスがある。ハガキや、23×17㎝、50gまでの封書を日本へ送る場合、Aクラスの料金は7.5DKK、Bクラスが7.25DKK。到着までの日数は、Aクラスが3～5日、Bクラスが4日～1週間ぐらい。赤色のポストは街中にある。

交 通 情 報

地下鉄

Vanløse～Vestamager までの M1 線、Vanløse～Lergravsparken までの M2 線の2つの路線が運行。エストーと地下鉄、市バスのチケットは共通なので、定められた制限時間以内なら、乗り換えも可能だ。また、エストー、地下鉄、市バス共通の24時間チケットもある。短時間であちこち行きたいという人にオススメ。首都圏内で有効。

エストー路線図

エストー

デンマーク国鉄が運営する、コペンハーゲン市内と近郊の都市を結ぶエストー。市内の近距離移動にも適している。チケットは、駅の自動発券機で購入が可能。路線図に書かれた数字の通り、目的地までのゾーン数によって料金が定められている。

Denmark　014

市バス

市内の移動には、市バスを上手に活用しよう。路線が網の目のように発達しているので、とても便利。観光案内所などで、バスの路線が載っている地図を無料でもらうことができる。路線を表す番号の後ろに、「S」がついているバスは、停留所の少ない特急バス。また、「N」がついたものは深夜バスで、901、902番は、水上バスだ。

レンタサイクル

レンタサイクルであるCity Bikeは、5月〜12月の間、無料で利用できる。街中のスタンドに、備えつけられている。20DKKをハンドルのコイン投入口に入れるとチェーンが外れる。コインは返却時に戻ってくる。

空港から市内へ行くには

Bus

ターミナル3から外に出て左に向かって歩いていくとバス停が見えてくる。これは250Sのポール

コペンハーゲン市内に行く場合、バス停でチェックするのは2A、12、250S番のバス。2Aと250Sは市庁舎前広場経由で中央駅まで行き、12番と深夜バス96 Nは市庁舎前広場まで。料金は24DKK。所要時間は30分から45分くらいだ。

Train

コペンハーゲン中央駅まで所要時間は約13分。運賃はひとり27DKKも。空港から市街まで一番確実で早いアクセス方法だ

空港に鉄道が直結。コペンハーゲン中央駅まで1時間に1本から3本の頻度で発着している。しかし、中央駅に停車しない列車もあるので要確認。2番線から発車し、2つ目の駅が中央駅だ。ちなみに反対側の列車に乗るとスウェーデンのマルメに行く。

Taxi

税関を出てすぐ右側に出るとタクシー乗り場だ。ちなみにタクシーはほとんどがベンツで革シート

コペンハーゲンは空港から市街まで比較的近い距離にあるから、荷物が多い場合やグループでの旅行であればタクシーが便利。料金は約160〜200DKK。車種はベンツが多く、ワゴンタイプもたくさん走っているので、荷物が大きくても問題ない。

015 Scandinavian traveler's guide

コペンハーゲンの
達人になれるカード

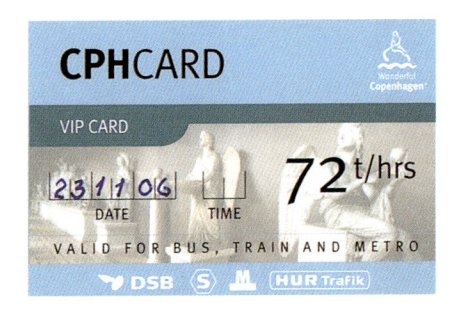

コペンハーゲンの市内観光の強い味方といえば、
公共交通機関と施設が無料または割引になる「コペンハーゲンカード」だ。
市内のバスや鉄道、地下鉄に加えて水上バスまで乗り放題になるほか、
博物館や美術館、チボリ公園の入場料も無料になる。
カードは2種類あり、24時間用は199DKK（10〜15歳 129DKK）、
72時間用は429DKK（10〜15歳 249DKK）。
購入はインターネットやホテル、空港、駅、インフォメーションセンターなどで。
大人ひとりにつき、10歳未満の子ども2人までが無料となる。
使用開始時に時刻が打刻され、有効期限はその時点からはじまる。
計画を立てて効率よく観光スポットを廻るようにしよう。

Copenhagen

Shopping

デニッシュデザインの総本山、
コペンハーゲンでは、巨匠が手掛けた
ヴィンテージ家具に出会えるショップが多数あり。
雑貨デザインや蚤の市なども忘れずチェック！

R.O.O.M

ルーム

シンプルで質の高い
ハイセンスな家具が並ぶ

ストックホルムに本店を構えるモダン家具店、「ルーム」のコペンハーゲン店はノアポート駅から徒歩5分。ゆったりとした店内で、落ち着いて家具が選べる。同店がコペンハーゲンに進出したのは4年前。イケアで育った世代が家庭を持ち、シンプルでよりグレードの高い家具を求めたとき、ぴったりの家具が見つかると評判だ。1階は家具やランプ、テキスタイルなど、地下には、キッチン、バス用品、ガーデニング、文房具と、何でもそろうインテリアのデパート。

上）家具はオリジナルの他に、ハビタ、カーテルのものなど。下）デザインホテル、「ホテル・サンクトペトリ」の隣

data

住所：Norregade 12,
1165 Copenhagen K
Tel：+ 45-33-41-44-00
営業時間：10:30～18:00
（金～19:00、土10:00～17:00）
毎月第1日曜日12:00～16:00）
定休日：日・祝祭日
www.room.dk
MAP：P.211 A-2

Denmark 018

Copenhagen

上)若手デザイナーの家具が並ぶ、2階のコーナー。下)1階にはクッションやタオルなど、ギフト最適品も

hay cph
ハイ・シーピーホー

若手デザイナーの モダンデザインが集結

若手デンマーク人デザイナーの家具や雑貨にこだわったショップ。店内は、オーナーデザイナー、ロルフ・ハイから。ここでは、カラフルなテキスタイルやしゃれたインテリア小物であふれる1階を見るだけではもったいない。2階の家具売り場で、ルイーズ・キャンベル、ヤコブ・ウェグナーなど、注目の若手デザイナーたちの新作家具のチェックも忘れずに。また、オリジナル家具や雑貨など、他では買えないものも多いので、目利きへのお土産に最適。

data

住所：Pilestræde 29-31,
1112 Copenhagen K
Tel：+45-99-42-44-00
営業時間：10:00～18:00
(土 11:00～16:00)
定休日：日・祝祭日
www.hay.dk
MAP：P.211 C-2

019　Scandinavian traveler's guide

Designer Zoo
デザイナー・ズー

ここでしか買えない
オリジナル雑貨と家具に注目

上）若いデザイナーのアトリエが多いヴェスタブロ界隈でも、圧倒的な存在感の「デザイナー・ズー」の店内

ヴェスタブロのランドマーク的インテリアショップが、この「デザイナー・ズー」。ヴェスタブロ界隈は若いデザイナーのアトリエが多く、中でもここはアトリエショップのパイオニアといえる。8人のデザイナーたちが交代で店番を担当していて、そのほかの日は、奥のアトリエで作品制作に励んでいるのだとか。作家のエキシビションも開催しているので、こまめにチェックしてみよう。

data

住所：Vesterbrogade 137
DK-1620 Copenhagen. V
Tel：+45-33-24-94-93
営業時間：10:00〜17:30
（金〜19:00、土〜15:00）
定休日：日・祝祭日
www.dzoo.dk
MAP：綴じ込み A-5

Copenhagen

Normann Copenhagen
ノーマン・コペンハーゲン

新鋭ブランドながら
そのデザインは世界的に大ヒット中

下）左から、ゴム製の一輪挿し、定番のゴム製食器洗い桶、カマラ・ラシッドデザインのハンガー

data

住所：Østerbrogade 70
DK-2100 Copenhagen Ø
Tel：+45-35-55-44-59
営業時間：10:00～19:00
（土 ～18:00）
定休日：日・祝祭日
www.normann-copenhagen.com
MAP：折込み C-3

1909年の創立以来、若手デザイナーを起用したオリジナルのプロダクトで多くのヒットをとばし、現在は世界53か国で販売している「ノーマン・コペンハーゲン」。2005年にオープンしたオンリーショップでは、オリジナルを中心に、家具、洋服、アクセサリーなどを扱っていて、デザインコンシャスな顧客で、いつも賑わっている。1700㎡の店内に生活全般の「センスのいいもの」ばかりが並んでいて、見て廻るだけでも楽しい。

Stilleben
スティルレーベン

コペンハーゲンの雑貨デザインを代表する小さな名店

上）国内外の陶芸作家の作品が、隙間なく置かれている店内。下）ウインドーにもかわいい雑貨が並べられている。小さなお店なので、見逃さないように

名門デンマークデザインスコーレを卒業したオーナーのネットワークで、ほかにはない陶芸作品を置いている雑貨店「スティルレーベン」。2002年のオープン以来、食器、キッチンウェアを中心にセンスのいい陶芸作品を扱っている。小さなお店でありながら、こんなにもいいデザインが並んでいる理由は、オーナーが陶芸学科時代の仲間に声を掛けていたら、自然といい作品が集まるようになったのだとか。お気に入りの一点を見つけよう。

data
住所：Læderstræde 14
DK-1203 Copenhagen, K
Tel：+45-33-91-11-31
営業時間：11:00～18:00
(金～19:00、土～16:00)
定休日：日・祝祭日
www.stilleben.dk
MAP：P.211 B-3

Copenhagen

Le Klint
レ・クリント

デンマークデザインを
代表するレ・クリントの照明

　繊細で美しいプリーツの照明で知られる「レ・クリント」の旗艦ショップ。歴代のモデルをはじめ、現在注目を集める新作のアンダーカバーシリーズまで幅広いラインナップがそろう。歴代のレ・クリントを展示するスペースは必見。

data
住所：Store Kirkestræde 1
DK-1073 Copenhagen, K
Tel：+45-33-11-66-63
営業時間：10:00〜17:30（金〜18:00、土〜15:00）
定休日：日曜日
www.leklint.dk
MAP：P.211 C-3

Dansk Håndværk
ダンスク・ホンヴェーク

作家が心を込めてつくる
温かみのある手工芸品が魅力

　陶芸家2名、木の玩具、子ども服、グラフィックデザイナー、テキスタイルデザイナーの6人の共同ショップ。木の棚、床と、ぬくもり感いっぱいの店内には素朴な作品が多い。街のデパートでは見かけない、モダンな手工芸品が新鮮。

data
住所：Kompanistræde 20
DK-1200 Copenhagen, K
Tel：+45-33-11-45-52
営業時間：11:00〜17:30（金〜18:00、土〜15:00）
定休日：月・日・祝祭日
MAP：P.211 B-3

Scandinavian traveler's guide

Créme de la Créme à la Edgar

クレーム・デ・ラ・
クレーム・ア・ラ・エドガー

元モデルが手掛けるショップには個性あふれる洋服がいっぱい！

ヴィンテージ生地を使った、手づくり子ども服やインテリア小物が評判のショップ「クレーム・デ・ラ・クレーム・ア・ラ・エドガー」が2006年春にリニューアル。大人も楽しめるショップに変身した。

data
住所：Kompanistræde 8　DK-1208 Copenhagen.K
Tel：+45-33-36-18-18
営業時間：11:00～17:30（土～15:00）
定休日：日・祝祭日
www.cremedelacremealaedgar.dk
MAP：P.211 B-3

Amati Optic

アマティ・オプティーク

デンマーク発のアイウェア「オルグリーン」はここでチェック！

日本でも最近注目を集めているアイウェア、「オルグリーン」。デザイナーはこのショップの近くに事務所を構えており、ちょくちょくこのショップにも顔を出すのだとか。運がよければ会えるかも!?

data
住所：Store Kongensgade 26
DK-1264 Copenhagen. K
Tel：+45-33-15-01-84
営業時間：9:30～17:30
（金～18:00、土10:00～13:00）
定休日：日曜日　www.amati.dk
MAP：P.210 D-1

Niobium
ニオビウム

お手頃なピアスが
気軽に楽しめる

　ゴールドスミス（金工作家）の
マレーネさんのアトリエショップ。
ジョージ・ジェンセンで４年間修
業後、自身のショップをオープン
した実力派。作品はサファイア、
アクアマリンなどの石を使ったも
のが多い。ピアスはお手頃価格。

data　住所：Guldbergsgade 7B,2200 Copenhagen N
　　　Tel：+ 45-35-37-77-99
　　　営業時間：11:00〜17:30（土〜14:00）
　　　定休日：月・日・祝祭日
　　　www.niobium.dk
　　　MAP：P.213 A-1

Cappalis
カッパリス

オーナーのセンスが光る
アクセサリーに注目

　オリジナルアクセサリーとバッ
グやニット小物などの店。オーナ
ーのロッテさんは、20年間ジュ
エリーデザインを手掛けてきた人。
材料の仕入れに訪れたインドでさ
まざまな宝石を知り、自分のショ
ップをオープンしたくなったそう。

data　住所：Elmegade 30, 2200 Copenhagen N
　　　Tel：+ 45-35-39-00-06
　　　営業時間：11:00〜18:00
　　　（金〜19:00、土〜15:00）
　　　定休日：月・日・祝祭日
　　　MAP：P.213 B-2

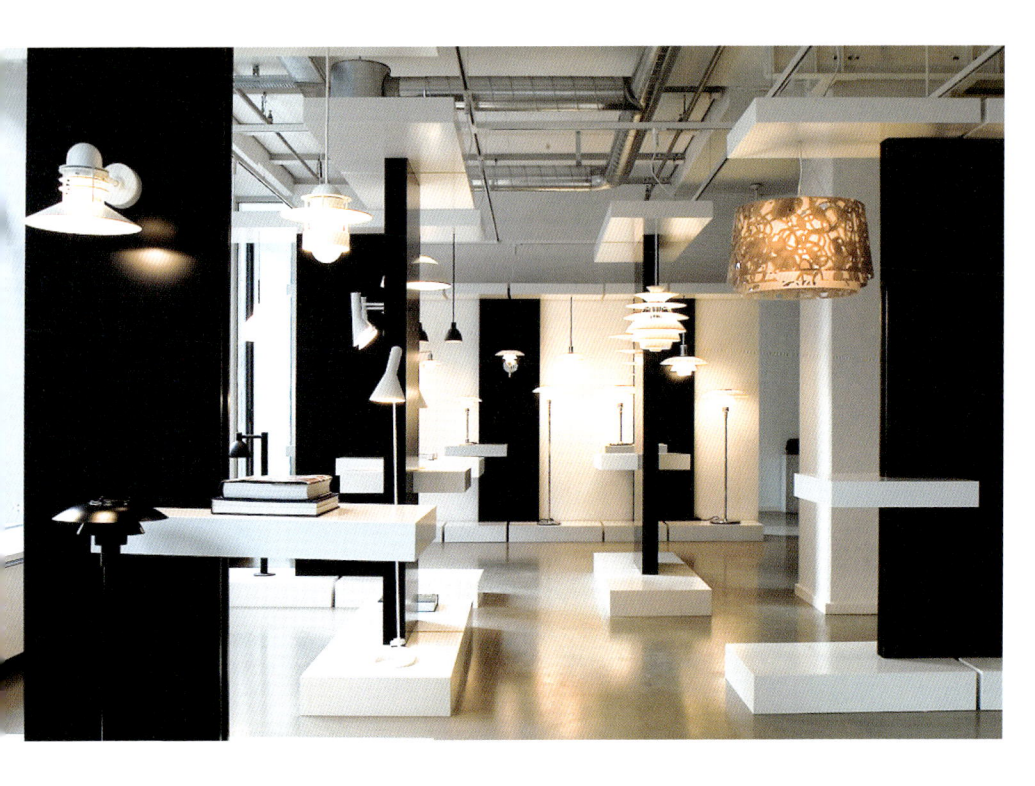

上）定番から新作まで美しい照明が並ぶショールーム。下）新しいデザインスポットとして注目したい

Louis Poulsen Lighting A/S

ルイスポールセン　ショールーム

ルイスポールセンを知ることは
北欧の照明を知ることなり

data

住所：Gammel Strand 28
DK-1202 Copenhagen K
Tel：+45-70-33-14-14
営業時間：10:00～16:00
定休日：土・日・祝祭日
www.louis-poulsen.com
MAP：P.211 B-3

北欧を代表する照明メーカー、「ルイスポールセン」の新しいショールームが2006年11月にオープン。ルイスポールセンといえば、1908年からニューハウンに構えていた本社兼ショールームが有名だったが、その約100年の歴史に幕を降ろし、新たな装いで市内中心部に移転した。新しいショールームは、古い建築を全面改装したシンプルでモダンな空間。内部では製品を一堂に見られるのはもちろん、美しい照明がどのように生まれたのか、その背景まで知ることができる。

Denmark　026

Copenhagen

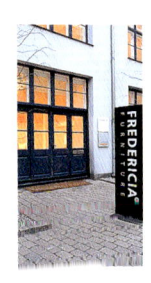

上）ゆったりと
モーエンセンの
家具が置かれた
ショールーム。
実際に座って座
り心地を試すこ
とができるのが
嬉しい

Juln

住所：Sankt Annæ Passage Bredgade
25F 1260 Copenhagen, K
Tel：+45-33-12-46-44
営業時間：10:00 - 17:00
（土～16:00）
www.ifredericia.com
MAP：P.210 D-1

Fredericia Furniture A/S

フレデリシア社　ショールーム

デンマークの良心
モーエンセンの家具に触れる

デンマーク出身の家具デザイナーとして忘れてはならないのがボーエ・モーエンセンだ。彼は一般市民のために木製家具をつくり続け、生活するのに適した秀逸なデザインの家具を数多く手掛けた。そのモーエンセンの家具製造で知られるのが、デンマーク国内でも有数の家具メーカー「フレデリシア社」だ。ここはそのショールームで、モーエンセンの家具はもちろん、S・ヤコブセンなどの作品も展示。日本未発売の限定品を入手することもできる。

Scandinavian traveler's guide

Klassik

クラシック

名作から無名ものまで
ヴィンテージ家具なら何でもござれ

ブレゲーデ通りの入り口近くにある「クラシック」は、広いスペースに有名、無名のヴィンテージ家具が並んでいる。店員の知識が豊富で、初めて聞くデザイナーや、お馴染み家具のレアモデルについて詳しく話してくれるのが嬉しい。ここでは、デンマーク家具の層の厚さと優れた職人の手仕事の魅力を実感することができる。購入する場合でも、日本への発送は何度も経験済み。安心して任せられる。

テーブル、椅子、キャビネットなど、家具の種類、大きさも豊富。見てまわるだけでも楽しい店内

data

住所：Bredgade 3
DK-1260 Copenhagen, K
Tel：+45-33-33-90-60
営業時間：11:00〜18:00
(土 10:00〜15:00)
定休日：日・祝祭日
www.klassik.dk
MAP：P.210 D-2

Denmark 028

Copenhagen

Dansk Møbel Kunst

ダンスク・モーブル・クンスト

上）広い店内には名作椅子がシーンごとにきれいにディスプレイされている。
下）オーナーの○○○○

dulu

住所：Bredgade 32
DK-1260 Copenhagen K
Tel：+45-33-32-38-37
営業時間：11:00〜18:00
（土〜14:00）
定休日：日・祝祭日
www.dmk.dk
MAP：P.210 E-1

フィン・ユールをはじめ
名作の椅子の殿堂といえばここ

ブレザーデ通りに面しているヴィンテージ家具ショップ「ダンスク・モーブル・クンスト」。ヴィンテージ好きのオーナーが集めた家具には、それぞれに思い入れがある。その厳選した家具の組み合わせや配置など、インテリアの参考になりそう。中古とはいえ、状態のよいヴィンテージ家具は高価だ。それでも人気なのは、使い込まれた風合いが年輪のような味わいを醸し出しているからだろう。購入品は日本へ発送することもできる。

029 Scandinavian traveler's guide

上）グラス類や食器、ランプなどが並ぶ、店奥の掘り出し物コーナー。下）半地下なので、見逃さないように

Design-and-Art.dk
デザイン・アンド・アート・ディーケー

ミッドセンチュリーの小物が
手頃な価格で見つかる

data
住所：Nansensgade 74,
1366 Copenhagen K
Tel：+45-22-64-10-67
営業時間：15:00～18:00
定休日：土・日・祝祭日
www.Design-and-Art.dk
MAP：P.213 C-4

ナンセンス通りにあるアンティークショップ。アーティストのジョニー・ハンセンさんが、趣味で集めたミッドセンチュリーの小物を並べている。「多くなり過ぎたから、少しずつ売ることにした」というが、さすがにアーティストの審美眼にかなった一級品ばかり。といっても、高額なものばかりでなく、小さな玩具からアーネ・バーンのストーンウェアまで、いろいろ。ジョニーさんとのアンティック談義も楽しい店だ。

Denmark　030

Copenhagen

Schultz & Co. Antik

シュルツ・アンド・コー・アンティック

パントンやヤコブセンなど
幅広い品揃えが人気

上）入り口付近にミッドセンチュリーものが集まっている。下）サクスボーやケーラーのストーンウェアも多数

data

住所・Hansensgade 40,
1366 Copenhagen K
Tel：+ 45-33-14-00-36
営業時間：15:00～16:30
定休日　土・日・祝日
MAP：P.213 C-4

オーナーのティナさんのポリシーは、「古くさくても、よい状態のものだけを店に置くこと」。その条件がクリアされれば、年代にはこだわらないというから、幅広い品揃えが自慢だ。中でも特におすすめなのは、パントンのランプやアルネ・ヤコブセンのステンレスのコーヒーポットなどで、価格も手頃。地元の人もプロも、まめにチェックに来るから、よいものは早くなくなってしまう心が悩みだそう。欲しいものを見つけたら早い者勝ちだ。

Mau Antik
マオ・アンティーク

宝探しのように探せば
掘り出し物多数

　商売上手なヘニングさんと奥さんのマオさんのアンティークショップ。店内にいろいろ置いてあるが、上手に選べば、掘り出し物多数。宝探しの感覚で、好みのものを見つけ出したい。開店時間は不定なので、電話で要確認。

data　住所：Guldbergsgade 16 KL.
2200 Copenhagen N
Tel：＋45-20-87-05-43
営業時間：12:00〜18:00
定休日：土・日・祝祭日
MAP：P.213 A-1

Brun's Indretning
ブルンス・インラトニング

ランプやガラス器など、
セレクトの趣味のよさに定評あり

　エルムゲーデ唯一のヴィンテージショップ。13年前、オーナー夫妻が趣味で集めたものを売りはじめたのがきっかけ。照明やガラス器などが手軽な価格で手に入る。また、奥のコーナーでは、南仏の田舎風のリネン類や家具なども。

data　住所：Elmegade 24, 2200 Copenhagen N
Tel：＋45-26-16-99-01
営業時間：12:00〜17:00
（土11:00〜14:00）
定休日：月・日・祝祭日
MAP：P.213 A-2

Copenhagen

data
（骨董街の問い合わせ先）
Tel：+45-35-37-88-89
www.ravnsborggade.dk
Nørreport駅より、バスでRavnsborggade下車。
MAP：P.213 B-1,2

ravnsborggade
ラウンスボーゲーデ
（骨董通り）で宝探し

　イスラエル広場からバスで北へ5分ほどの「ラウンスボーゲーデ通り」は、庶民的なアンティーク通り。30軒以上の店が通りの両側に並ぶ。店ごとに、ミッドセンチュリー、シャビーシック、グラニーなど、違うテイストがあるから、一軒ずつのぞいてみたい。たとえば、「ボー・アンティック」。ホルムゴーのタンブラーやロイヤル・コペンハーゲンのティーセットなど、主に陶磁器やグラスが多い。次に、2005年にオープンし、そのセンスのよいセレクトが話題の「モーベル・スタショーネン」。王立美術アカデミーの建築学科出身の女性オーナーが、赤十字の倉庫などで家具や小物を調達している。破格の値段で店頭に並ぶ理由は、ボランティアで店が運営されているから。収益の一部は、教会や赤十字に寄付される。そして、ミッドセンチュリーの家具やランプなどにこだわった店が「セア・セアー」。日本人バイヤーも通っているという下記の3軒なら、いい掘り出し物が見つかりそう。

Bau Antik
バウ・アンティック

data
Tel：+45-35-35-92-13
営業時間：10:00〜17:00（土11:00〜14:00）
定休日：日・祝祭日
www.bauantik.dk
MAP：P.213 B-2

Møbelstationen
モーベル・スタショーネン

data
Tel：+45-30-30-99-11
営業時間：12:30〜17:30（土11:00〜14:00）
定休日：月・日・祝祭日
MAP：P.213 B-2

Sære Sager
セア・セアー

data
Tel：+45-35-35-70-01
営業時間：15:00〜18:00（土12:00〜16:00）
定休日：火・日・祝祭日
www.saeresager.dk
MAP：P.213 B-2

flea-market

土曜日は早起きして、フリーマーケットをチェック！

　デンマークの夏の風物詩といえば、週末のフリーマーケット。4月中旬から10月上旬までの週末、各地のフリマが人気だ。その理由は、物価が高い北欧で、10クローネ単位で買い物ができるお買い得感と、掘り出し物を見つける宝探し的感覚だ。そんな地元の人に混じって、フリマ体験にいざ出発！ 観光客でも比較的買いやすいのが、イスラエル広場。Nørreport駅のすぐ近くで、アクセスもよい。ミッドセンチュリーのデンマーク小物、陶器、看板など、店を持っているアンティークオーナーの出店が多いので、質がよく、比較的センスのよい品揃えでおすすめ。はしごをする時間的な余裕があれば、コペンハーゲンに隣接する、フレデリクスベア市の市庁舎裏の駐車場広場まで行ってみよう。ここは、周辺が高級住宅地のせいか、価格設定が少々高め。でも品揃えは、玩具や陶器、洋服などと、より幅広く、家族連れで出店している人も多い。屋外のフリマのほとんどが土曜日のみオープン。逃さないよう、滞在日程を工夫して。

Israel Plads
イスラエル広場

data
開催時間：9:00～15:00
(毎年4月中旬～10月上旬の毎週土曜日)
Nørreport駅すぐ
Tel：+45-49-70-72-55
MAP：綴じ込み C-4

街の中心にあるイスラエル広場のフリマ。花や果物の市場が隣にあるので、地元民の気分で両方のぞいてみよう。右下写真のガラス花器はホルムゴーのもの

フレデリクスベアは、高級住宅地。地元の人が出すアイテムは、古くても品質のよいものが多いので、期待度も高まる。右下写真はロイヤル・コペンハーゲンの灰皿

Frederiksberg
フレデリクスベア市

data
開催時間：8:00～14:00
(毎年4月中旬～10月上旬の毎週土曜日)
フレデリクスベア市、市庁舎裏の駐車場にて
Tel：+45-38-21-40-40
www.frederiksberg.dk
MAP：綴じ込み A-4

Copenhagen

Cafe &
Restaurant

「北欧は食事が期待できない」とはよく聞く言葉。
しかし、最近のコペンハーゲンは
にわかに美食ブームが到来。
ここで紹介するのはそんなムーブメントの中心にいる店だ。

Formel B

フォーメル・ビー

カリスマシェフプロデュース
トップクラスのレストラン

上）内装は建築家、ソーレン・ウスタゴーが手掛けた。下）薫製の鱈にキャビアをのせた前菜。700DKKのコースメニューから。アラカルト200DKK

コペンハーゲンに数あるグルメレストランの中でも、ミシュランの星付きで国際的な評価の高いレストラン。市内から車で10分ほどの高級住宅地、フレデリクスベアにあるが、わざわざ出かける価値があるはず。ここがオープンしたのは、7年前。スキンヘッドで愛車はハーレーという、伝説のカリスマシェフ、ボスロップのプロデュースの下、口コミで顧客がつき、2006年夏に店舗を広げリニューアル。より多くの予約を取れるようになった。「フォーマルでなくてもいいが、かっこよくしてきてほしい」が店の希望。旅のフィナーレディナーにいかが？

data

住所：Vesterbrogade 182,
1800 Frederiksberg C
Tel：+45-33-25-10-66
営業時間：18:00〜22:00 L.O.
定休日：日・祝祭日
www.formel-b.dk
MAP：綴じ込み A-5

Copenhagen

Restaurant Koefoed
レストラン・コフォード

都市にいながら楽しめる
デンマークの地方料理

上）ニシンのソテーと鴨のコンフィ。ランチメニューは110DKKとおトク。
下）半地下だが、大きな窓からの採光は十分。灰皿や花瓶はボーンホルム製

ボーンホルム島は、夏には多くの避暑客で賑わう、美味しい食材とガラスアートで名高い島。レストラン・コフォードは、その地で育ったオーナーが、コペンハーゲンの人々に自慢のボーンホルム料理を紹介したい、という夢を実現したレストランだ。おすすめは、名物のニシンのソテーやラム料理。いずれも滋味深く、ご当地ビールにもよく合う。店内のガラスアートはボーンホルム島在住のアーティストたちの作品。「今後は料理だけでなく、アートも積極的に紹介したい」とオーナー。コペンにいながらにして、デンマークの地方料理を味わうのも悪くない。

data

住所：Landgreven 3, 1301 Copenhagen K
Tel：+ 45-56-48-22-24
営業時間：12:00〜21:00 (L.O.)
(木・金・土：〜22:00 L.O.)
定休日：日・祝祭日
http://www.restaurant-koefood.dk
MAP：P.210 D-1

Hansens Køkken og Bar

ハンセンス・クックン・オ・バー

リーズナブルな価格で
有機野菜料理を堪能

上）グラナチーズと栗のグラッセ、セロリのピュレ添え。シアターメニューの前菜。アラカルト88DKK。下）モダンアートが飾られた美しい店内

高級住宅地、フレデリクスベアにあるローカルレストラン。オープンして4年、すっかり地元に溶け込んでいる。リピーターが多いのは、価格がリーズナブルだから。人々の食堂代わりに利用されている。また、近くには劇場が多いので、早い時間のシアターメニュー、275DKKも人気がある。おすすめは、野菜料理。シェフの幼馴染みの有機農家から、直接に取り寄せる新鮮な食材を生かした料理で、それを楽しみに通う顧客も多いとか。夏の週末には、店前のテラスにテーブルを並べ、客同士で遅くまで語り合う夕べになることもあるそうだ。

data

住所：Frederiksberg
Allé 11,1621 Copenhagen V
Tel：+ 45-33-25-74-26
営業時間：17:00 ～ 22:00 L.O
定休日：月・火・日・祝祭日
www.hansenskoekkenogbar.dk
MAP：綴じ込み B-5

Noma

ノーマ

コペンハーゲンの美食を牽引する
ミシュラン星付きレストラン

下）夜のコース料理から、グリーンストロベリーとホタテ貝の前菜。ストロベリーソースを添えて。夜のコースは5皿525DKK、7皿625DKK、昼2皿225DKK、3皿295DKK

コペンハーゲンにあるグルメ・レストランの中で、「味、センス、サービスともに完璧」と、もっぱらの評判なのが、「ノーマ」。もちろん、ミシュラン1つ星付き、それも限りなく「2つ星」に近いという。ここの料理は、オーナーシェフのレネ・レッツェピが、北欧の12人のシェフらと提唱する「ノース・アトランティックキュイジーヌ」、つまり、北欧やノルディックの国々で生産された食材だけを使い、自地の伝統的な料理法をヒントにした創作料理。築200年の穀倉庫を改装した店内から港が一望でき、ムード満点。

data

住所：Strandgade 93
DK-1401 Copenhagen K
Tel：+45-32-96-32-97
営業時間：ランチ12:00〜
13:30 L.O.（火〜金）
ディナー18:00〜22:00
L.O.（月〜土）
定休日：日曜日 ※要予約
www.noma.dk
MAP：P.210 F-3

Cofoco

コフォコ

リーズナブルに
美食を楽しめる人気店

左）前菜の仔牛肉とハーブのテリーヌ。洋梨のピューレがアクセントに。自家製パンと一緒に。メニューは、毎月替わるという

市の再開発地区に指定され、ますます変貌する注目エリア、ヴェスタブロで人気のレストラン、「コフォコ」。プリフィックス・メニュー（225DKK）のお手軽価格で、前菜、主菜、デザートと美味しく、おしゃれでボリュームもほどほどにある料理が食べられるので、ローカルはもちろん、遠くから出かける顧客たちで連日満員だ。オーナーのトーベンは、もともとこの地区でテイクアウェイからスタートした苦労人。レストランは、若いシェフやスタッフたちとアイデアを出し合ったのが成功し、2号店やテイクアウェイの店もオープンした。

data

住所：Abel Cathrines Gade 7
DK-1654 Copenhagen, V
Tel：+45-33-13-60-60
営業時間：17:30〜24:00 L.O.
定休日：日・祝祭日　＊要予約
www.cofoco.dk
MAP：P212 A-2

Denmark　040

Meyers Deli
マイヤーズ・デリ

話題のシェフが
念願のデリをオープン

上）落ち着いた雰囲気のイートインコーナーは近所のマダムたちも常連。オリジナルプロダクトのほか、マイヤーが各国から厳選した食材も並ぶ

テレビの料理番組で人気のスターシェフ、クラウス・マイヤー。彼が念願だったデリを高級住宅街のフレデリクスベアにオープンしたのは、コペンハーゲンには高級デリブームがはじまった。ブームの先駆けともいえるこの「マイヤーズ・デリ」では、朝食からゲストにも出せる夕食まで、すべてのメニューがテイクアウェーできる。さらに、自家農園直送のジャムやアップルビネガーなどのオリジナルプロダクトも販売。お土産用に買うのもおすすめだ。

data

住所：Gl.Kongevej 107
DK-1850 Frederiksberg C
Tel：+45-33-25-45-95
営業時間：8:00 ～ 21:00 L.O.
定休日：なし
www.meyersdeli.dk
MAP：綴じ込みＢ5

Emmerys
エメリーズ

コペンハーゲンの老舗デリは
オーガニック食材が自慢

　元シェフのペア・ブルンが10年前にはじめた、オーガニックの食材と自家製天然酵母パンの店、「エメリーズ」のレストラン1号店が、コペンハーゲン近郊の高級住宅地、ヘレロップにオープン。休日には、ブランチ目当ての家族連れやカップルで賑わう。

data
住所：Strandvejen 102a　DK-2900 Hellerup
Tel：+45-39-64-77-60
営業時間：7:00～23:00
（レストランは11:00～23:00）
定休日：なし
www.emmerys.dk
※場所はH.Pを確認

Café Front Page
カフェ・フロント・ページ

ボリュームのあるプレートは
誰しもが満足！

　庶民的なアンティーク通り、ラウンスボーゲーデの帰りに立ち寄りたい、人工池沿いのカフェ。カールスバーグのブリキの看板や古い時計など、ちょっとレトロな内装がこの界隈の雰囲気に似合う。夏の午後はテラス席がおすすめ。

data
住所：Sortertam Dossering 21
DK-2100 Copenhagen. N
Tel：+45-35-37-38-27
営業時間：11:00～1:00（木・金～2:00）
定休日：なし
www.cafefrontpage.dk
MAP：P213 B-3

Thé à la menthe

テ・ア・ラ・マント

ローカルに人気のある
モロッコ風カフェ

　北アフリカのモロッコは、冬が長い北欧の人々にとって憧れの地。モロッコ出身のジアとフランス人のナタリーのモロッコ風ティーラウンジには、モロッコの空気が漂っているようで人気だ。おすすめは、本国から空輸するミントの葉がたっぷりのミントティーだ。

data　住所：Radhusstraede 5,DK-1466 Copenhagen, K
　　　　Tel：+45-21-48-53-88
　　　　営業時間：11:00～17:00（土～16:00）
　　　　定休日：日・祝祭日
　　　　www.thealamenthe.dk
　　　　MAP：P211 A-3

Dag H

ダグ・ホー

感度の高い方御用達
ウスタブローのランドマークカフェ

　おしゃれな若いカップルやファミリーが多い、ウスタブロー地区のランドマーク的なカフェ。奇妙な名前は、通り名の略称だ。子連れママにも対応がよいから、カフェの外にベビーカーがずらっと並ぶことも。休日はテラス席が人気。

data　住所：Dag Hammerskjölds Allé 38
　　　　DK 2100 Copenhagen, Ø
　　　　Tel：+45-35-27-63-00
　　　　営業時間：平日8:00～24:00（月・火～23:00）
　　　　土10:00～24:00、日10:00～22:00
　　　　定休日：なし　www.dagh.dk
　　　　MAP：綴じ込み C-2

The Laundromat Café

ザ・ランドロマット・カフェ

コインランドリーを備えた
ユニークなカフェ

　エルムゲーデ界隈のランドマーク的カフェ。コインランドリーとモダンなカフェの合体がユニークで大盛況。洗濯目的の地元の人ばかりでなく、打ち合わせに使うビジネスマンや近所のショップ店員など、店内のローカル色が楽しい。

data　住所：Elmegade 15, 2200 Copenhagen N
　　　Tel：＋45-35-35-26-72
　　　営業時間：8:00～24:00（金～2:00）
　　　土10:00～2:00、日10:00～24:00
　　　定休日：12/24～26、31、1/1
　　　www.thelaundromatcafe.com
　　　MAP：P.213 A-2

Kaffe Plantagen

カフェ・プランタージェン

地元民に愛されている
コーヒーを味わおう

　地元のコーヒー好きが「ベストコーヒー！」と太鼓判を押すカフェ。カウンター席だけなので、朝の目覚めのカフェラッテや午後のエスプレッソと、気軽に何度も立ち寄るファンもいるそう。フラワーショップも兼ねた、和める空間だ。

data　住所：Sankt Hans Torv 3, 2200 Copenhagen N
　　　Tel：＋45-35-36-22-32
　　　営業時間：8:00～22:00（土・日・祝9:00～）
　　　定休日：12/24～26、31、1/1
　　　www.kaffeplantagen.dk
　　　MAP：P.213 B-2

Denmark

Copenhagen

pick up!
いま注目のエリア、ノアブロを歩いてみよう!

「ノアブロ」とは、厳密にはノアポート駅から北に向かい、ドローニング・ルイーズ橋を越した、ノアブロゲーデ通り周辺を指すが、普通のガイドブックに載るのは稀なので、観光客には馴染みが薄い。しかし、骨董街を中心に、おしゃれなカフェやブティック、ライブハウスなどが集まる、チャーミングなエリア。その中でも、近頃ますますおもしろくなってきたのが、エルムゲーデ通りを中心としたエリアだ。エルムゲーデ通りは、ノアブロゲーデ通りから、サンクトハンス教会に向かう細い通り。ここがおもしろいのは、そのローカル色。その核は、コインランドリーとカフェが合体した、「ザ・ランドロマット・カフェ(→P.44)」で、たとえば、店内の本は、通りを挟んだ向かい側の古本屋のものだし、ディスプレイされているのは、2軒先のブティックの洋服と、そのネットワークの強さはどこにも負けない。ほかにも、親子二代でやっている手づくりスリッパ店から、一点物ジュエリーショップ、話題の寿司テイクアウェイまであり、バリエーションが広い。月並みな観光地巡りに疲れたら、エルムゲーデ通りに出かけてみよう。そこのローカルたちが、かけがえのない旅の思い出をつくってくれるかもしれない。

店名の「バンカロット」は「破産」の意味。ノアブロに向かう途中、ナンセンスゲーデ通りの名物カフェは、人形の頭の照明や動物の剥製を飾ったデカダンスな内装がおもしろい

Bankerât
バンカロット

data
住所：Ahlefeldtsgade 27-29,1359 Copenhagen K
Tel：+45-33-93-69-88
営業時間：9:30～24:00 (土・日・祝 10:30～)
www.bankeraat.dk
MAP：P.213 C-4

fast food
手軽に食べられる屋台も利用してみよう

コペンハーゲンの街でよく目にするファーストフードといえば、昔ながらのホットドッグスタンドといま話題のお手軽オープンサンド。小腹がすいたときや時間のないときに、手軽に食べられるので便利。

上) オープンサンドを食べたい。でも、日程がタイト」なら、オープンサンドのファーストフードにトライ。左) ホットドッグスタンドの屋台を人がひっぱって移動する姿は、スローライフそのもの

デンマークを代表する料理といえばオープンサンド。
手のひら大のパンにいろいろな具をのせて、
ナイフとフォークでいただくこの料理。
日本でたとえると、さながら手巻き寿司のようなものか。
スナップス片手にコペンハーゲンで是非お試しあれ！

> smørrebrød
>
> デンマークで
> 一番有名な料理、
> それはオープンサンド！

　デンマークの国民的ランチといえば、「オープンサンド」。デンマーク語では「スモーブロー」、「バターを塗ったパン」という意味だ。そのパンに、さまざまな具をのせて、ナイフとフォークで食べるのが正式な食べ方。もともとは、前日の残りの魚や肉、野菜などをパンにのせて、職場や学校に持参したのがはじまり。日常的なものからお客に出す正式なコースメニューに至るまで、TPOによって多くのバリエーションがある。そこで、家庭でもレストランでも共通する、食べ方のルールを簡単に紹介しよう。
　まず、コースの最初は魚。典型的なのは、黒パンにニシンの酢漬けをのせるもの。ニシンを食べるとき、アクアビット（スナップス）は欠かせない。「腹の中でニシンが酔っぱらって、上手く泳げるように」といわれるくらい切っても切れない存在。そのほかに、ポピュラーなのは、小エビやスモークサーモン、鰻の燻製や白身魚の衣つきソテーなどだ。次に肉。ポークソテーの薄切りや、サラミなどのハムやソーセージ類、デンマークのおふくろの味「フリカデラ（ミートボール）」やローストビーフなどをのせて食べる。そして、チーズ。マスカットや赤ピーマンを添え、白パンで食べる。最後にデザートとコーヒー。典型的なデザートは、マジパンを固めて焼いた菓子「クランスケーユ」。ここまで食べられたら、もう立派なデンマーク人。ランチといえどもヘビーなので、食べ過ぎにご注意！

marinate Groeland halibut
「ヒル・フィスク」グリーンランドのオヒョウ、刺身風マリネにマスタード風味ソースを添えて。淡白でいて濃厚な味。一皿、60DKK

Smoked eel with scrambled egg
「ローウ・オール・メ・エッグ」鰻の燻製とスクランブルエッグ。デンマークでは、鰻を燻製にして食べることが多い。一皿、69DKK

Copenhagen

Curry herring

「カレー・シル」カレー風味のニシンのマリネ。甘みのあるマヨネーズで和えてある。クセがないので、初心者向き。一皿、39DKK

Marinate herring

「マリネ・シル」典型的なニシンの酢漬け。ワインビネガーに香草で風味を出す。家庭により作り方が少しずつ異なる。一皿、39DKK

Marinate salmon

「グロー・ラクス」サーモンの刺身風マリネ（1日くらいマリネ液に漬けたもの）甘みのあるマスタード風味ソース添え。一皿、53DKK

Shrimp salad

「ラヤー・サラダ」グリーンランド産の小エビとマヨネーズ、トマトにレモンを搾って食す。ゆで卵の輪切りを添えることも。一皿、53DKK

Slotskælderen hos Gitte Kik
スロッツケラーン・ホス・キッテ・キック

Data
住所：Fortunstræde 4
DK-1065 Copenhagen K
TEL：33 11 15 37
営業時間：11:00〜17:00　定休日：月・日・祝祭日
MAP：P.211 C-3

このページで取り上げたオープンサンドは、すべてこの店のメニュー。旅行者には難しく感じるオープンサンドのオーダーだが、この店では、食べたいものを指させば、席まで運んでくれる。国会議事堂が近いので、国会議員がランチに立ち寄るレストランとしても有名。フレンドリーなオーナーの魅力で、リピーターも多い

beer & aquavid

ここでしか飲めない ご当地ビール＆アクアビット

旅先で食事とともに楽しみたいのが、ご当地のお酒。
デンマークは伝統的なアクアビットに加え、
現在、各地方でつくられている地ビールが大ブレイク中。
ボトルとラベルのデザインにも要注目！

Beer

冬でもビール好きのデンマーク人。最近では、よりクオリティの高さと味を求め、少量生産ビールへの関心が高まっている。ビール専門店「バーレイワイン」のオーナーのヤンさんが推薦するデンマークのご当地ビールは、昔ながらに薪で火をおこし、すべての過程を手づくりしているメーカーのもの。生産量も限られ、利益追求もままならないビールだが、そのつくり手とは一体？　それは、ヤンさん曰く「ビールオタクが半分道楽でつくっている」のだとか。

Barleywine
バーレイワイン

data
住所：Læderstræde 16
DK-1201 Copenhagen, K
Tel：+45-33-91-93-97
営業時間：12:00～18:00
定休日：月・日・祝祭日
www.barleywine.dk
MAP：P.211 B-3

ストロイエ近くの細い通りにある小さなショップ。話し好きのオーナーが親切に教えてくれる

ブロックハウス
(36DKK)

ノイン・ウー
(46DKK)

ウインター・コート・スタウト
(33DKK)

左）ITエンジニアが5年ほど前に起業。少量生産ビールのさきがけ。中）約100年前の製法でつくっているノルウェーの地ビール。右）3年ほど前にユトランド半島で生まれたビール

Aquavid

オープンサンドに欠かせない、デンマークの蒸留酒「アクアビット」（別名スナップス）。語源はラテン語の"aqua vitæ（生命の水）"。その歴史は古く、16世紀に最初の蒸留酒が登場。17世紀に人々は自分でつくりはじめ、1846年に国内最大のメーカーが設立された。ひと言で「アクアビット」といっても、種類が多く、ワインのように魚用、肉用などと料理に合わせて飲み比べるのが正しい。ご当地アクアビットもあるから、旅先では是非試したい。

Kjær&Sommer feldt
ケア＆サマーフェルト

data
住所：Gl. Mønt 4
DK-1117 Copenhagen K
Tel：+45-33-93-34-44
営業時間：10:00～17:30
（金～18:00、土～14:00）
定休日：日・祝祭日
www.koos.dk
MAP：P.211 C-2

王室御用達の酒店。ワインの品揃えは、おそらくデンマークで一番。アクアビットの種類も多い

ボーンホルマー

エキスポート
(99DKK)

タッフル
(75DKK)

左）ボーンホルム島の伝統的な製法で蒸留。中）1913年から製造。初期はアルコール度数45%、現在は38%と低い。右）1846年創業のオールボーアクアビット社の代表的な商品

Denmark

Copenhagen

HighLight

まずは「ストロイエ」と「チボリ公園」を歩いてみよう。
時間があれば、ミュージアムでゆっくり過ごすのもいい。
アルネ・ヤコブセンの建築巡りも忘れずに。
それ以外にも、おさえておきたい建築名所など見所多数！

着いたその日に楽しめる
コペンハーゲンガイド

SASの直行便の場合、
コペンハーゲンに到着するのは夕方。
夏は陽が長いので、その日から観光を楽しめる！

最新のデザインを知りたいなら、ストロイエをひたすらまっすぐ。

highlight

ホテルに着いたら早速、街歩きに出発！ 目指すはコペンハーゲンの目抜き通り、ストロイエだ。市庁舎広場からコンゲンス・ニュートー広場までをつなぐ、この歩行者天国は高級ブティックが立ち並び、さながら銀座のような場所。その通りをまっすぐ歩いていくとローゼンダールとボダム本店がある。いま話題のデニッシュデザインのこれら、日本未発売のものもあるので、是非チェックしてほしい。

カイボイスンのサルのオブジェやキッチンツールなど、デザイン雑貨で有名なローゼンダール。散策の途中に立ち寄ってみたい（MAP：P.211 C-2）

DENMARK　050

コンゲンス・ニュートー広場に突き当たる手前にあるボダム本店のビル。オーデニング＆レダの商品の取り扱いもあり（P.211 C-2）

Copenhagen

イルムスとマガシンは必ず押さえておきたい

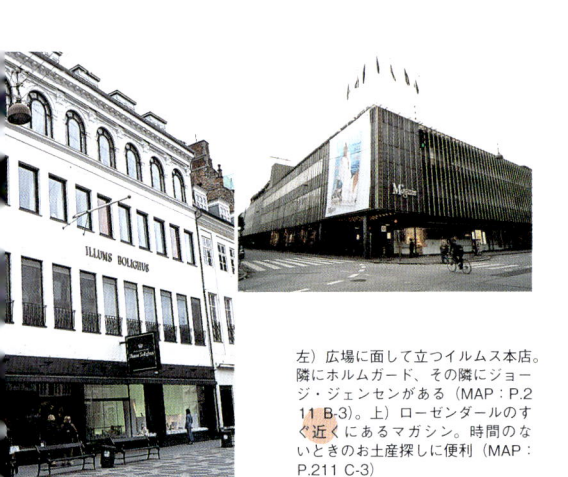

前ページ（P.50）のショップ2軒に行く途中、アマートゥ広場に面している白い建物がイルムス本店。相当な床面積なので、少しの時間ですべてを見て廻るのは無理というもの。後日、あらためてくることを前提で下見に徹したい。その隣にホルムガードやジョージ・ジェンセンがある。もうひとつのぞいてほしいのがマガシンというデパート。食料品からファッション、家具までここに行けばすべてをチェックできる。

左）広場に面して立つイルムス本店。隣にホルムガード、その隣にジョージ・ジェンセンがある（MAP：P.211 B-3）。上）ローゼンダールのすぐ近くにあるマガシン。時間のないときのお土産探しに便利（MAP：P.211 C-3）

とりあえずニューハウンまで歩いてみよう

コペンハーゲンで一番有名な観光名所。絵ハガキどおりの景色に、感激すること間違いなし（MAP：P.210 E-2）

ストロイエを歩いて行き、景色が開けたら、そこがコンゲンス・ニュートー広場。ここから海に歩いて行くと運河沿いにカラフルな建物が立ち並んでいるのが見える。そこがニューハウンだ。オープンカフェでお茶をしたり、写真を撮ったり、ここまでくれば今日の目的は達成だ。

Copenhagen

新名所、オペラハウスも是非、チェック!

水平に広がる大屋根が印象的な新オペラハウスは、建築好きには必見。後日にディテールチェックをかねて対岸に

　ヘニング・ラーセンが設計したオペラハウスは最近話題の人気スポット。場所は運河を挟んでニューハウンの反対側。建物の全貌を見たいなら現地に行くよりもニューハウン側の河岸から見たほうがきれいだろう。アドミラルホテルの裏手あたりから見るとちょうど真正面から建物を見ることができる。(P.66参照)

初日の夜はチボリ公園で食事もオツなもの

チボリ公園のメインのエントランス。コペンハーゲンカード(→P.16)を持った大人の入場料は無料でOK(P.54参照)

　街の中心にあるチボリ公園に早速行ってみるというのもいいだろう。アトラクションを楽しむのもいいが、ぶらぶら散歩をするだけでも楽しい。そして食事は園内のどこかで。バイキング料理の店や地ビールが評判の店などデンマークらしい食事もできる。夏の間は毎週金曜日にコンサートがあるので、事前にチェックしておくといいだろう。

TIVOLI MAP

子どもも大人も
みんな大好きチボリ公園!

デンマークはデザインの国であるとともに、アンデルセンを生んだ童話の国である。おとぎの国の首都にある公園、それがチボリだ。

スターフライヤー
ぐるぐる回りながら上っていくアトラクション。コペンハーゲンを一望できる

ジェットコースター
チボリ公園には3つのジェットコースターがある。これは「The Odin Express」

ジェットコースター
「The Roller-Coaster」という木製のジェットコースター

チボリ・コンサート・ホール
ジャズコンサートなどを開催。地下の待合ホールの壁一面には水槽が特設され話題に

TIVOLI

チボリ公園の歴史は古く、開園は1843年にまでさかのぼることができる。当時のデンマーク国王のクリスチャン8世の臣下であるゲオー・カーステンセンが、市民のために建設を奏上したのがはじまり。そのコンセプトは階級の差別なく、誰でも楽しめるということだった。その方針が今でも息づいているからだろうか、チボリ公園にはゆるやかで平和な空気が流れている。アトラクションを楽しむ子どもたち、レストランで食事を楽しむカップル、手をつないでコンサートに向かう老夫婦、大人も子どもも思い思いにチボリ公園を楽しんでいる姿が印象的。勘違いしないでほしいのは、ここはエンターテイメント至上主義のテーマパークではないということ。先に述べたように、コペンハーゲンに暮らす人々の日々の生活に密着した公園である。だから、一度足を運んで、おとぎの国の楽しみをそっとおすそわけしてもらおう。きっと優しい気持ちになれるはずだ。

DENMARK

Copenhagen

フリーフォール
市街を見渡せるアトラクション。ただし、高所恐怖症の人は要注意！

ジェットコースター
チボリ公園一の絶叫マシン。クルクルと回転しながら落ちていくスリルは最高

チャイニーズレストラン
中華風の楼閣は、実はレストランになっている

オープン・エア・ステージ
コンサートなどが行われる場所。夏の期間は毎週金曜の夜、コンサートを開催

パントマイムシアター
チボリ公園を代表する伝統的アトラクションがパントマイム。入場料だけでOK

data
住所：Vesterbrogade 3 1630 Copenhagen V
Tel：+45-33-15-10-01
www.tivoli.dk　MAP：折り込みｇ-4
開園日：4/12～9/24
営業時間：11:00～23:00（金～0:30、土～24:00）
＊6/16～8/20は11:00～24:00（金・土～0:30）
＊クリスマス時期の11/11～12/30も開園
入場料：大人75DKK、子ども35DKK
（コペンハーゲンカードで入場可能）

メインエントランス
公園の入り口は3つあるが、メインはvesterbrogadeに面したところにある

055　Scandinavian traveler's guide

北欧スタイル的、
ミュージアムツアーのすすめ

コペンハーゲン周辺には見るべきミュージアムがたくさんある。
中でもデザイン好きにはたまらないのは建築的にもみどころのあるところ。
コレクションとともに魅力的な空間体験を楽しんでほしい。

LOUISIANA Museum of Modern Art

モダンアート＋建築　ルイジアナ美術館

コペンから北へ行くこと35km。
ここは建築とモダンアートの殿堂

Museum

ルイジアナといえば、その常設コレクションやエキシビションのレベルの高さで、世界的にも評価が高い現代美術館。とはいっても、ここの楽しみ方は、モダンアート鑑賞だけではない。周辺の森に溶け込むような情緒ある佇まい、対岸にスウェーデンが見える、海に面した広大な庭、個人の邸宅を改装したアットホームな建物など、アート好きでなくても、旅の疲れを癒し、心を開放するにはイチ押しの空間だ。また、「チルドレンズ・ウィング」では、子ども向けのワークショップを開催。その間、親はゆっくりと館内をまわることができる。すなわち、随所に「肩の力を抜いて、アートに接する工夫」が見られるのが特徴。コペンハーゲンから郊外電車で30分あまり。足をのばしても、収穫は多いはず。ミュージアムショップも必見だ。

data

住所：Gl.Strandvej 13　DK-3050 Humlebæk
Tel；+45-4919-07-19
開館時間：10:00〜17:00（水〜22:00）
休館日：なし
入館料：80DKK
www.louisiana.dk
交通：コペンハーゲンからはNo.388のHelsingor（ヘルシンゴー）行きのバスに乗ってHumlebæk駅で下車

カフェの内装は、ヤコブセンの家具とランプで統一されている。窓の外には海を一望できるので、是非訪れたい。晴れた日には、テラス席から海を見ながらのランチがおすすめ

DENMARK　056

Copenhagen

Ordrupgaard Museum

オードラップゴー美術館

data
住所：Vilvordevej 110
DK-2920 Charlottenlund
Tel：+45-39-64-11-83
開館時間：13:00〜17:00（土・日 11:00〜）
（6/6〜8/31は毎日 12:00〜16:00）
休館日：月・祝祭日　入館料：65DKK
www.ordrupgaard.dk
交通：エストーKlampenborg駅からバス388で Vilvordevej下車すぐ

本館ではモネで感動し、新館ではその奇抜な建築に目を見張る

ゆるやかなカーブを描くユニークな外観。併設されているカフェは週末のブランチがおすすめ

モネやセザンヌなど、フランス印象派のコレクションでは、北欧一を誇るオードラップゴーが、近頃は印象派ファンばかりでなく、現代建築ファンの注目も集めている。もともと、ここは大手保険会社のオーナーが個人コレクションを公開するため、1918年に自宅を開放してオープンしたミュージアム。後に、デンマーク文化省の管轄となったが、人気が高くコレクションも膨大なため、新館建設を計画。設計したのが、ロンドンを拠点に世界中で活躍し、建築界のノーベル賞、プリッツカー賞も受賞したイラク出身の女流建築家ザハ・ハディド。2005年8月に完成した、革新的で迷宮のような新館は、優しい印象派絵画を、より引き立てる好結果となり、訪れる人々も増えているという。新旧の共存とその絶妙な融合をこの旅で体験してみよう。

DENMARK　058

Kunstindustri Museum

工芸博物館

ここに足を運べば
20世紀のデザインが一目瞭然!

　市の中心、コンゲンスニュートー広場からほど近い工芸博物館で、特に見逃せないのは、常設展示の「20世紀工芸デザインのコーナー」。陶芸から椅子、玩具まで、工芸デザインの数々が興味深いだけでなく、ヤコブセン、パントンなど、デンマークの巨匠デザイナーの展示コーナーで、彼らの世界に浸れるのもファンにはたまらない。カフェで使われている椅子もウェグナーというこだわり。

data
住所：Bredgade 68　DK-1260 Copenhagen K
Tel：+45-33-18-56-56
開館時間：常設展 12:00～16:00（火～日）
企画展 10:00～16:00（土・日・祝 12:00～）
休館日：月曜日
入館料：40DKK
www.kunstindustrimuseet.dk
MAP：綴じ込み D-3

Dansk Design Center

ダンスク・デザイン・センター

若手デザイナーの
モダンデザインが集結

　デザイン好きなら、コペンハーゲンに着いたその日に行きたいのが、ダンスク・デザイン・センター。いま活躍中のデザイナー情報や、デザイングッズのショップなど、何度来てもいいからだ。そして、もしその日が水曜日のロングオープンにあたれば、嬉しいことに午後5時から入場無料になる。展示のテーマごとに変わるカフェの内装も必見。

data
住所：HC Andersen Boulevard 27
DK-1553 Copenhagen V
Tel：+45-33-69-33-69
開館時間：平日 10:00～17:00（水～21:00）、
土・日 11:00～16:00
休館日：12/24、25、31
入館料：40DKK（水曜日の17時以降は無料）
www.ddc.dk　MAP：P.211 A-4

北欧デザインの巨匠
アルネ・ヤコブセンをめぐる旅

ベルビュービーチ〜コペンハーゲン

セブンチェアやアントチェアなどで有名なアルネ・ヤコブセン。
しかし、彼の作品は家具ばかりではない。建築こそ彼の本業である。
建築はそこに行かないと見ることができない。
コペンハーゲンに来たからこそ、
ヤコブセンの建築巡礼の旅に出かけられるのである。

Arne Jacobsen

Bellevue Beach
ベルビュービーチ

コペンハーゲンの郊外にあるベルビューは高級リゾート地。1932年、コンペに勝ったヤコブセンは集合住宅を皮切りにベルビュー一帯の設計に着手する。写真はビーチに立つ監視塔。1932年設計

Texaco Service Station
テキサコ・サービス・ステーション

アントチェアと同じフォルムをもつガソリンスタンドとして有名。しかし、実際はアントチェアが発表された1952年よりも15年前にデザインされた。現在も現役として活躍中。ちなみに店内はアイスクリーム屋だ。1937年設計

Copenhagen

Bellevue Theater
ベルビュー シアター

ベラビィスタの集合住宅の次に着手されたシアターは、現在も現役として使われている。写真ではわかりにくいが両側の壁面はブルーと白のストライプになっている。先の監視塔とのデザインの統一がはかられた。1935〜1937年設計

シアターの隣りにあるレストラン。現在はヤコブセン好きのオーナーによって運営されており、家具はもちろん、カトラリーもすべてヤコブセンデザイン。伝統的なデンマーク料理を食べさせてくれる。1935〜1937年設計

data
住所：Strandvejen 449
DK-2930 Klampenborg
Tel：+45-39-63-43-22
www.restaurantJACOBSEN.dk
※場所はH.Pを確認

Restaurant JACOBSEN
レストランヤコブセン

Arne Jacobsen

建築から内装、そしてカトラリーまですべてデザインしたことで知られるラディソンSASロイヤルホテル。内装は改装されたが、606号室だけは建築当時のまま保存されている。ヤコブセンファンの聖地である。1960年設計

data
住　所：Hammerichsgade 1
DK-1611 Copenhagen V
Tel:+45-33-42-60-00
www.royal.copenhagen.
radissonsas.com
MAP：P 212 B-1

Radisson SAS Royal Hotel room.606
ラディソンSASロイヤルホテル606号室

Copenhagen

Study!

アルネ・ヤコブセンについて もっと知りたい！

Arne Jacobsen

アルネ・ヤコブセン（1902〜1971）／デンマーク

1902年	デンマーク・コペンハーゲンに生まれる
1927年	王立美術アカデミーを卒業
1930年	同年までポール・ホルソ建築事務所勤務
1930年	同事務所を辞め、独立
1952年	『アントチェア』発表
1955年	『セブンチェア』発表
1956年	王立美術アカデミー教授に就任
1960年	SASロイヤルホテル竣工
1964年	義理の息子ペーター＝ホルムブラッドの依頼により『シリンダーライン』を発表
1968年	水栓アクセサリーブランド『ボラシリーズ』発表
1969年	デンマーク国立銀行のためにデザインした時計『バンカーズクロック』発表
1971年	死去

北欧デザインを代表するデザイナーの一人、アルネ・ヤコブセン。SASロイヤルホテルの設計に携わり、このホテルのためにデザインされたエッグやスワンチェアはいまでも垂涎の的の名作椅子だ。累計生産数500万台を超えたセブンチェアも、いうまでもなく彼の作品である。実はアント〜セブンへと連なる一連のプライウッドチェアのデザインで見られるように、ヤコブセンは非常に進取の気性にあふれた人だった。第二次大戦が終わって軍需技術だった成型合板が民生化されると、彼はいち早くこの技術を使って椅子をつくり、それがアント〜セブンチェアへ昇華する。また、発泡ウレタンの成型技術にも着目し、それによってあの美しいエッグも生まれた。つまりヤコブセン、かなりの新しもの好きだったのかもしれない。また、建築家としてのヤコブセンは、軽やかで未来的なフォルムを追い求めた。今でこそ名建築といわれるSASロイヤルホテルも計画中は非難囂々たるものだったし、オーフスの市庁舎に至っては彼にとって不本意なことに時計塔を付け足さなければならなかった。時代がまだまだ彼に追いついてはいなかったのである。

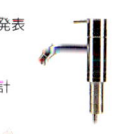

右）SASロイヤルのバーで撮影されたヤコブセンの肖像。スツールはタンチェアの特別仕様。左）スイートの606号室は今も当時のまま残っている

ヤコブセンが遺したデザインは、エッグチェアやスワンチェアなどの家具だけではない。照明やカトラリー、時計などプロダクトデザイナーとしても類い希な才能を発揮した

063　Scandinavian traveler's guide

美しきデザイン空間に浸りたい！
建築名所案内

新旧の建物が交錯する街の景色もコペンハーゲンらしさ。
モダン建築を体感して、その一端を感じてほしい。

The Royal Library

王立図書館（ブラック・ダイヤモンド）

黒色花崗岩を使用した外壁が光る 運河沿いの王立図書館

data

住所：Søren Kierkegaards Plads 1,
1016 Copenhagen K
開館時間：9:00～17:00（土～14:00）
休館日：日・祝祭日
www.kb.dk
MAP：綴じ込み C-5

左）旧館の閲覧室。1906年当時のままに残されている。入り口には "Users Only" の札。上）湾曲したシルエットが美しい内観。右）コペンハーゲン港に向かって黒光りする建物

現代建築に限るなら、コペンハーゲン港のウォーターフロントに注目したい。中でも、旅行者が入りやすいのが、ブラック・ダイヤモンドだ。

ブラック・ダイヤモンドは、王立図書館の一部。1998年に、シュミット・ハマー・ラッセン建築事務所の設計で完成した建物は、「所蔵本は国の宝」と考え「宝石箱」をイメージして造られている。地下には60 0席のコンサートホールとエキシビションスペースがあり、コンサートや講演などを催す、カルチャーセンターとして機能している。3つの異なる時代の建物をつないだので、2階ホールから古い建物に向かう廊下は現代から過去にタイムスリップするようで楽しい。ただし、閲覧室では静粛に。1階のブックショップは建築・デザイン関連の書籍が充実している。

DENMARK　064

Copenhagen

065   Scandinavian traveler's guide

Operaen

オペラハウス（オペラーン）

ヘニング・ラーセンが手掛けた
デンマーク最大級の現代建築

上）アマリエンボー宮殿からもよく見えるオペラハウス。水上バスが便利。
下）夕刻には、ライトアップされて、ますますゴージャスな雰囲気

Architecture

2004年に3年余りの歳月を掛けて完成したオペラハウス（オペラーン）は、コンテナ船で世界的なシェアを誇る、マースク・シーランド社の財団が寄付したものだ。建築を手掛けたのは、サウジアラビアの外務省建築などで国際的に活躍するヘニング・ラーセン建築事務所。4万1000㎡の建物には、リハーサルルームを含めた部屋数1000室、オペラやバレエ用のメインステージ1500席、実験的オペラ用の小ステージ200席、ロビーにはデンマークを代表するアーティストたちの作品が並ぶ、豪華な劇場だ。

data

住所：Ekvipagemestervej 10,
1438 Copenhagen K
Tel：+ 45-33-69-69-33
www.kglteater.dk
※演目、開演時間などは、
H.Pで要確認
MAP：綴じ込み D-4

DENMARK　066

Copenhagen

Grundtvigs Church

グルンドヴィ教会

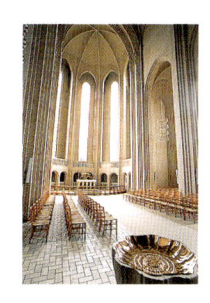

左）たっぷりの光が差し込む開放的な教会内部。窓にはステンドグラスなどは一切使っていないので、晴れた日は青空が臨める

パイプオルガンをモチーフにした レンガ造りの教会建築

エストー川Emdrup駅から10分ほど歩くと、印象的なかたちをしたグルンドヴィ教会が見えてくる。設計を手掛けたのはイェンセン・クリントで、その外観はパイプオルガンがモチーフ。1900年代初期に建てられた建物は白レンガを600万個積み上げたもので、教会内部は極めて装飾が少ない。シンプルな空間に北欧職人といわれる巨大なパイプオルガンが美しく佇む。息子のコーア・クリントがこの教会のためにデザインした椅子は、現存する名作椅子として有名だ。照明は孫のエスバン・クリントがデザインした。

data

住所　ch.Bjerget 14-H
2400 Copenhagen NV
Tel：＋45 35 81 54 42
開館時間：9:00〜13:00
(木16:00〜18:00)
休館日：日・祝祭日
http://www.grundtvigskirke.dk
交通：エストー Emdrup駅下車徒歩10分、またはバス6Aで Bispebjerg Torv 下車すぐ

067　Scandinavian traveler's guide

象徴的なシンボルから歴史的建造物まで…

ここも見逃せない！
コペンハーゲン観光スポット

Copenhagen City Hall (Rådhus)
コペンハーゲン市庁舎

館内見学もできる6代目市庁舎

1905年に完成した、6代目のコペンハーゲン市庁舎。高さ105.6mの尖塔の建つ赤レンガ造が特徴的な建造物で、現在も市役所の一部として機能している。入ってすぐのホール右側には、300年間に0.4秒しか誤差が生じないというイェンス・オルセンの天文時計（Jens Olsens Verdensur）がある。

data
住所：City Hall DK-1599 Copenhagen V
Tel：+45-33-66-25-82
開館時間：8:00〜17:00
休館日：土・日曜日
＊ガイドツアー、タワーツアーあり
http://www3.kk.dk/　MAP：綴じ込み C-4

The Little Mermaid (Den Lille Havfrue)
人魚姫の像

おとぎの国デンマークの象徴

デンマークを代表する作家アンデルセンの代表作『人魚姫』の像は、1913年、彫刻家のエドワード・エッセンによってつくられたもの。下半身は魚のはずの人魚だが、この像は首近くまでが人間の姿のままだ。モデルの足があまりに美しく、うろこで覆うのがしのびなかったためといわれている。

data
行き方：中央駅（Central Station）より2.5km、バス29番 15分、鉄道Osterport駅より徒歩5分
MAP：綴じ込み D-3

Christiansborg Palace (Christiansborg Slott)
クリスチャンスボー城

コペンハーゲン発祥の地

1167年にアブサロン司教が城塞を築いた場所で、コペンハーゲン発祥の地とされる。現在の建物は1928年に完成したもの。現在は迎賓館や国会議事堂として使用されている。12世紀の城塞の遺跡のほか、残存する初期の城の一部である厩舎などを見学可能。

data
住所：Christiansborg Slotspolads DK-1218 CopenhagenK
Tel：+45-33-92-64-92
開館時間［地下にある城跡］：5〜9月 毎日 10〜4月 火〜日曜10:00〜16:00
休館日：10〜4月の月曜
入場料：30kr（コペンハーゲンカードで入場可）
＊議事堂のガイドツアー、謁見の間ガイドツアーあり
MAP：綴じ込み C-4

Rosenborg Palace (Rosenborg Slott)
ローゼンボー宮殿

王室の宝物を見学できる宮殿

17世紀初めに築かれた、オンダ・ルネッサンス様式の宮殿。歴代の王たちが所有した数々の豪華な品々や、財宝、剣などを見学可能。階の騎士の間に展示された、王たちが戴冠式に用いたという椅子も必見。

data
住所：Oster Voldgade 4A 1350 Copenhagen K
Tel：+45-33-15-32-86
開館時間：1/2〜4/30、11/1〜12/17 11:00〜14:00、6/1〜8/31 10:00〜17:00、5,9,10月は10:00〜16:00、12/27〜30は11:00〜15:00
休館日：1〜4月 11〜12月の月曜日,1/1,12/18〜26,12/31
入場料：65DKK（コペンハーゲンカードで割引あり）
www.rosenborg.dk　MAP：綴じ込み C-3

Denmark

Copenhagen

Hotel

寝ても覚めてもコペンハーゲンに浸りたい。
そのためには、デザインはもちろん、
居心地のいいホスピタリティあふれるホテルが必要だ。
滞在先に満足すれば、旅の思い出もきっと深まるはず。

The Square Copenhagen

ザ・スクエア・コペンハーゲン

コペンハーゲンで最も便利な場所にあるホテル

上）ロビーにさりげなく置かれた赤いエッグチェア。下）テラスから市庁舎前広場が見渡せる、7階のジュニア・スイート（一泊2840DKK）

data

住所：Rådhuspladsen 14
DK-1550 Copenhagen V
Tel：+45-33-38-12-00
Fax：+45-33-38-12-01
料金：1360DKK〜（スタンダード）、1635DKK〜（ダブル）
客室数：全268室
www.thesquarecopenhagen.com
MAP：P.212 C-1

市庁舎広場に面しているモダンなホテル。もともとは、オフィスだったスペースを数年前にホテルに改装した。機能性重視のオフィスのコンセプトを残したシンプルなインテリアを気に入ったビジネスマンから、バックパッカーまで、客層は幅広い。この絶好のロケーションを生かした楽しみ方は、ありきたりな観光地巡りより、この都市の息吹を感じることだろう。過度な装飾やサービスを好まない都会派なら、このホテルがきっと気に入るはずだ。

Imperial Hotel

インペリアル・ホテル

ボーエ・モーエンセンなどの巨匠椅子でお馴染み

上）ホテルのバーには、ボーエ・モーエンセンの家具が。下）シンプルな内装ながら、色でアクセント。ジュニア・スイート（一泊2900DKK）

data

住所：Vester Farimagsgade 9
DK-1606 Copenhagen, V
Tel +45-33-12-80-00
Fax +45-33-93-80-31
料金：1500DKK〜（シングル）、1700DKK〜（ダブル）
客室数：全214室
www.imperial-hotel-copenhagen.com
MAP：P.212 A-1

「インペリアル・ホテル」といえば、ボーエ・モーエンセンなどの巨匠椅子を使っているクラシックな4つ星ホテル。隣接する北欧一大きな映画館とともに、コペンハーゲンでは、お馴染みの名前だ。その老舗ホテルが、2006年5月に全館規模で内装をリニューアル。部屋の内装ばかりか、全室にエアーコンディションも付き、快適に。また、ドアやロックも換え、安全面も万全。客室に向かう廊下も明るくなった。もうひとつの利点は、ヴェスタポート駅が目の前にあること。電車は乗りやすいので、大いに利用したいものだ。

Radisson SAS Royal Hotel

ラディソンSAS ロイヤルホテル

ヤコブセン哲学を受け継ぐ
デザインファン憧れのホテル

上）アメニティは、ホテルのオリジナル。透き通った色は客室のインテリアに合わせて。下）窓辺からチボリ公園が見下ろせる、ジュニア・スイート

data

住所：Hammerichsgade 1
DK-1611 Copenhagen V
Tel：+45-33-42-60-00
Fax：+45-33-42-61-00
料金：1595DKK〜（シングル）
客室数：全260室
www.royal.copenhagen.radissonsas.com
MAP：P.212 B-1

「ラディソンSAS ロイヤルホテル」は、建築家アルネ・ヤコブセンが、建物からレストランのカトラリーに至るまでトータルにデザインし、1960年に4年の歳月をかけて完成した世界最初のデザインホテルだ。しかし建築後40年が経過したため、ヤコブセン生誕100周年直前の2001年、606号室のみをヤコブセンルームとして残し、他の客室はリニューアル。もちろん、建築当時のデザインやホテルのコンセプトや雰囲気は損なわず、現代のニーズに合わせ、より使いやすく、よりスタイリッシュになったという。

Copenhagen Admiral Hotel

コペンハーゲン・アドミラル・ホテル

古い倉庫を改装した
冒険心をくすぐる内装

上）夕暮れ時の外観は格別に美しい。
下）倉庫の建物を生かしたインテリア。予約時にオーシャンビューの希望も可能（追加料金200DKK）

data

住所：Toldbodgade 24-28
DK-1253 Copenhagen K
Tel：+45-33-74-14-14
Fax：+45-33-74-14-16
料金：1210DKK〜（シングル）、1540DKK〜（ダブル）
客室数：全366室
www.admiralhotel.dk
MAP：P.210 E-2

港に面した絶好のロケーションにあるホテル。32年前に、1780年代の穀物と塩の倉庫を改装し、モダンなホテルになった。対岸のオペラハウスや建設中のシアターなど、これからの発展を考慮し、2005年、ホテル内のレストランのリニューアルをロンドンのコンラン卿が手掛け話題に。客室は、倉庫の名残の梁がむき出しになっていたり、2階建てで屋根裏部屋にベッドがあったりと、冒険心を刺激する。また、ホテルのロビーや廊下には、海洋博物館から借り入れた本物の船の設計図や模型が飾られている。

Hotel Skt. Petri

ホテル・サンクト・ペトリ

上）アメニティは、英国の自然派化粧品「モルトン・ブラウン」。下）スター・スイート（一泊19000DKK）は窓から風が通り抜ける気持ちのよい部屋

デンマークで唯一の認定された「デザインホテル」

メトロやショッピングストリートまで徒歩2分という繁華街の中心にある、5つ星ホテル、「ホテル・サンクト・ペトリ」は、「世界デザインホテル選考委員会」から、デンマークで唯一の「デザインホテル」に認定されている。このホテルは元デパートの施設を改装したもので、広い空間が生かされている。ロビーに置かれた大きなアートが映える高い天井が特徴だ。客室の内装はデンマークを代表するアーティスト、ベア・アーノルデイが担当。ファッション業界のイベントや、先端企業のセミナーにこぞって使われている。

data

住所：Krystalgade 22
DK-1172 Copenhagen K
Tel：+45-33-45-91-00
Fax：+45-33-45-91-10
料金：1795DKK〜（シングル）、1995DKK〜（ダブル）
客室数：全268室
www.hotelsktpetri.dk
MAP：P.211 A-2

Hotel Kong Arthur

ホテル・コング・アチュアー

コペンハーゲンの伝統と歴史を感じたいなら

上）ロビーには英国貴族の紋章などが飾られている。下）客室はリニューアルしたばかり。家族向きのエクゼクティブ・キング（スイート）3500DKK

data
住所：Norre Sogade 11
DK-1370 Copenhagen K
Tel：+45-33-11-12-12
Fax：+45-33-32-61-30
料金：1265DKK〜（シングル）、
1520DKK〜（ダブル）
客室数：全117室
www.kongarthur.dk
MAP：P.213 C-4

旅の目的が「リラックス」なら、このホテルがおすすめ。その理由は、「都市の隠れ家」と呼べる条件を備えているからだ。Nørreport駅に近いのに、奥まった入り口は、知らなければ見逃してしまう。近くには、パリの街並みを彷彿とさせる、水辺の散歩道がある。そんな穴場的なホテルだから、個人客が多く、大人の雰囲気が漂っている。建物にも歴史があり、かつては職人養成所の宿舎だった。その後、英国人がホテルにし、20年前に現オーナーが買い取った。ホテル内の調度品は、ヨーロッパの王国の歴史が感じられる。

Hotel Christian IV

ホテル・クリスチャンIV

肩肘張らず
アットホームな雰囲気で

上）朝食用のレストランの内観は、ロイヤルブルーが基調。下）スーペリア・デラックスは、広さもほどよく、一泊1000DKKとリーズナブル

data

住所：Dronningens Tværgade 45
DK-1302 Copenhagen K
Tel：+45-33-32-10-44
Fax：+45-33-32-07-06
料金：700DKK〜（シングル）、900DKK〜（ダブル）
客室数：全42室
www.hotelchristianiv.dk
MAP：P.211 C-1

ヨーロッパ最古の王室を誇るデンマークに、モダンデザインだけを期待して来たら、見識が狭いというもの。2006年は「デンマークの太陽王」と呼ばれ、建築オタクでもあった、クリスチャン4世が建てたローゼンボー城が築400周年を迎えた。そのローゼンボー城に近いのが、「ホテル・クリスチャンIV」。名前は偉大でも、実は、リーズナブルな3つ星ホテル。1986年に住宅を改装してきたホテルで、昨年オーナーが交代、リニューアルも完了した。落ち着いた暖色系の客室が完成した。

Copenhagen Island

コペンハーゲン・アイランド

人工島にそびえたつ
未来型のホテル

左）吹き抜けの1階ロビー。レセプション上方には、アーティストのリン・ウッツオンの作品、「海」が飾られている。（下）ベッドの背は、ヨットの帆からヒントを得た

コペンハーゲン港のウォーターフロントにできたニューホテル。名前の通り、人工の島に建てられている。設計は、シドニーのオペラハウスで名高い建築家ヨーン・ウッツォンの息子、キム・ウッツォン。全326室の比較的大きなビジネスホテルだが、週末にはヨーロッパ各地からの個人旅行者で満員だ。ポイントは、なんといっても立地のよさ。景色がよいのはいうまでもなく、隣接するショッピングセンター、「フィスクトーブ」での買い物も便利だ。近々、対岸の「イスランス・ブリュグ」への橋も完成予定。

data

住所：Kalvebod Brygge 53,
1560 Copenhagen V
Tel：+ 45-33-38-96-00
料金：900DKK〜（シングル）、
1310DKK〜（ダブル）
客室数：全326室
www.copenhagenisland.dk
MAP：綴じ込み B-5

Adina Apartment Hotel

アディナ・アパートメント・ホテル

暮らすように滞在する
高級アパートメントホテル

上）1階奥のプールは宿泊客ならいつでも利用可能。下）広さが十分なモダンなベッドルーム

data

住所：Amerika Plads 7,
2100 Copenhagen Ø
Tel：+ 45-39-69-10-00
料金：スティデオ（2名まで宿泊可）
1150DKK、
1ベッドルーム（3名まで宿泊可）
1400DKK。
エキストラベッド250DKK
www.adina.eu.com
MAP：綴じ込み D-2

再開発が進む元倉庫街の一角、アメリカプラスにある、コペンハーゲン初の高級アパートメントホテル。長期滞在のビジネスマンや家族連れにはおすすめ。部屋のスペースが広いので、たとえばダブルルームにエキストラベッドを入れて、3人の利用も可能。街の中心にあるホテルの便利さはないが、人魚像や港、公園にも近く、散歩にはうってつけ。スーパーも隣接しているので、たいていのものはそろう。「暮らすように滞在する」には、ぴったりのホテルだ。近所にしゃれたレストランもある。

Copenhagen

Ibsens Hotel
イプセンス・ホテル

下宿屋からはじまった
ナンセンス通りの名物ホテル

　街の中心、Nørreport駅から徒歩5分。庶民的なナンセンス通りにあるホテル。1900年代初頭に下宿屋としてオープンして以来、いまではこの通りには欠かせない名物ホテルだ。高級感はないが、インターネットが通じて、清潔で安全が確保されるという基本的な点は十分押さえている。ホテル内のイタリアンとタパスの2軒のレストランもおすすめだ。

data
住所：Vendersgade 23,
1363 Copenhagen K
Tel：+45-33-13-19-13
料金：1085DKK～（シングル）、1270DKK～（ダブル）
www.ibsenshotel.dk
MAP：P.213 C-4

---

column
クロに泊まろう!

　耳慣れない言葉だが、「クロ」とはデンマークの地方各地に残る旅籠のようなもの。その多くは何世紀も前から歴史を重ねたもので、由緒ある行事に使われたり、あるいはレストランとして営業をしていたり、それぞれのクロには特色がある。今回紹介するのはデンマークの西部、ユトランド半島のオーベンローという地方都市にあるクロ。湖畔というロケーションもさることながら、1762年創業という建物は雰囲気十分。何よりも食事がおいしいのだ。間けば、オーベンロー王土が大事な客をもてなすときに利用するということらしい。せっかくデンマークまで行ってビジネスホテルに泊まるのはさみしいかぎり。クロで是非、旅情に浸ってみてほしい。

右）オーベンローにあるホテルカナップ（Knapp）。左）客室数は5～6室ほど。少ない室数だから行き届いたサービスが嬉しい。周りにはノスタルジックな調度品が

data
住所：Stennevej 79, stolling, 6200 Aabenraa
http://www.stollig.dk
＊そのほかクロに関するH.P
www.krohotel.dk

BANG & OLUFSEN

Bang & Olufsen
バング＆オルフセン
（1925〜）デンマーク

妥協のないシンプルなデザインと、高品質な音を誇る北欧の高級オーディオブランド。ピーター・バングとスヴェン・オルフセンの2人のエンジニアが「電源直結型ラジオ」を製造したことに始まる。78年には製品を集めた展覧会がMoMAで開催された

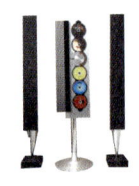

BeoSound 9000

北欧プロダクト
ブランド辞典
1

bodum
ボダム
（1944〜）デンマーク

今やヨーロッパを代表する、キッチンを中心とした家庭用品ブランド。「良いデザインは決して高価なものではない」をコンセプトに、暮らしのなかで手軽に使える機能的な商品を提供し続けている。樹脂と耐熱ガラスを組み合わせたテーブルウェアを幅広く展開

Electric Santos

BodaNova
Boda Nova
ボダノバ
（1971〜）スウェーデン

ベーシックなデザインのトータルキッチンウェアブランド。スウェーデンの伝統ある陶器メーカー「ホガナス・セラミック」と'88年に合併し、その技術を継承。'02年にはイッタラグループの傘下となるが、独自の商品でボダノバブランドのまま販売している

Collection

Electrolux
エレクトロラックス
（1919〜）スウェーデン

家電機器と冷蔵庫や洗濯機などの白物家電においてヨーロッパで圧倒的シェアを誇る家電ブランド。その歴史は古く、世界初の電気掃除機を開発したメーカーでもある。現在は150ヶ国に渡り、家庭用以外にも業務用やアウトドア関連機器などグローバルに展開

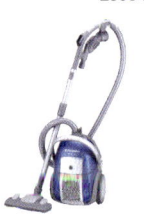

Oxygen Upgrade
Z5054

DANSK
ダンスク
（1954〜）デンマーク

デンマークを中心とした北欧のデザイナーが手がけるキッチンウェアブランド。流行や年代を超えて愛されるデザインは、特にヴィンテージ物によく表れていて人気も高い。デンマーク王室御用達ブランドで、ルーブル美術館などにもコレクションされている

Koben style II

080

Scandinavian traveler's guide
Stockholm
ストックホルム

スウェーデンの首都ストックホルムは、
北欧四都市の中でも特に美しい都といわれる。
その理由は、青々とした紺碧の湖と
そこに浮かぶ旧市街が織り成すコントラストである。
何百年も前から人々を魅了してきたその街並みと景色。
美しき景観とモダンなデザイン王国の
絶妙なバランスを実体験しよう。

Sweden

Stockholm

sweden

Stockholm

美しき水の都 ストックホルム

ストックホルムの楽しみ方

　この街の魅力は、湖の美しさと古くからの街並みとの見事な調和だ。青々とした空と水が旧市街をパッと明るく反射させる瞬間や、雪帽子をかぶって幻想的な街並みが浮かび上がるときなど、季節ごとに醸し出される美しさはたとえようがない。夏のストックホルムは、太陽の降り注ぐ青々とした湖に白鳥やカモメがゆったりと休み、湖畔では釣りをする人々も見かける。そんな街は船での観光が最高。この街は何万という群島に囲まれていて、船で30分ほどで到着するFjäderholmarna諸島は、半日で楽しめる人気スポットだ。湖に囲まれたレストランでスナップスとニシンの酢漬けを味わおう。ノーベル賞の晩餐会が開かれることで有名な市庁舎の隣にある港からは、王室一家の居城であるドロットニングホルム宮殿行きの船が出ている。世界遺産の宮殿をメーラレン湖側から臨む景観は圧巻だ。至るところに自転車専用道路のある市内ではサイクリングが便利。レンタルサイクルで湖際の道をスイスイと走り抜ける快感はたまらない。街を歩けばデザインにあたるストックホルムでは、街を散策するだけでも目の保養になる。地下鉄に乗ればアートに遭遇し、バスに乗ればベビーカーや車椅子も乗れるユニバーサルデザインを目の当たりにする。ポスターは街の景観を壊さないように、指定されたところにしか貼られていない。しかもスッキリしたセンスのよいグラフィックデザインが主流だ。デザイン王国の原点を見たければ、ミュージアム巡りもおすすめ。国立美術館のデザイン歴史展示では1900年代から今日までのデザインの移り変わりを現物の作品を見ながら体感できる。ミュージアムショップはデザイングッズの穴場だ。スウェーデンの思い出にモダンなデザイングッズをどうぞ。

スウェーデンの地理

北欧諸国中最大の国で、総面積は約45万k㎡。北東はフィンランド、北西はノルウェー、南西はデンマーク、東はボスニア湾とバルト海に面している。国土の約半分が自然のままの森林に覆われていて、約9万もの湖沼がある。ストックホルムは、メーラレン湖に浮かぶ都市。14の島から構成されていて、周囲には群島が散在している。

ことば

公用語はスウェーデン語だが、ほとんどの人が英語を話せる。

すぐに使えるスェーデン語

数字			あいさつ			曜日		
0	noll	ノル	やあ／ハイ	Hej.	ヘイ	月曜日	måndag	モンダ
1	en(ett)	エン(エット)	こんにちは	God dag.	グッダーグ	火曜日	tisdag	ティースタ
2	två	トゥヴォー	おはよう	God morgon.	グ モロン	水曜日	onsdag	ウンスタ
3	tre	トリエ	こんばんは	God kväll.	グッキュヴェル	木曜日	torsdag	トゥーシュタ
4	fyra	フィエラ	おやすみなさい	God natt.	グッ ナット	金曜日	fredag	フリエダ
5	fem	フェム	さようなら	Hej då.	ヘイド	土曜日	lördag	ローダ
6	sex	セッキス	ありがとう	Tack.	タック	日曜日	söndag	スンダ
7	sju	シュー	ごめんなさい	Förlåt mig.	フォロート メイ	今日	idag	イドーグ
8	åtte	オッタ	どういたしまして	Var så god.	ヴォーシュグー	昨日	igår	イゴール
9	nio	ニーエ	わかりました	Jag förstår.	ヤ フォシュトール	明日	imorgon	イモロン
10	tio	ティーエ	わかりません	Jag förstår inte.	ヤ フォシュトール インテ			

時差とサマータイム

日本時間からマイナス8時間。サマータイムは、3月最終日曜日から10月の最終日曜日まで。この時期は、時間が1時間早くなり、時差は7時間になる。

電話

通常、ホテルの部屋から電話をかけると手数料がかかるので、公衆電話からかける方がおトク。公衆電話で使用できる硬貨は、50Öre、1、5、10SEKと、€1、2。コインを入れてからダイヤルをすると、電話がかかる。空港や駅などの公衆電話は、クレジットカードの利用も可能。日本までの国際電話は、1分につき12SEK。テレホンカードも普及しており、キオスクなどの売店で簡単に購入できる。

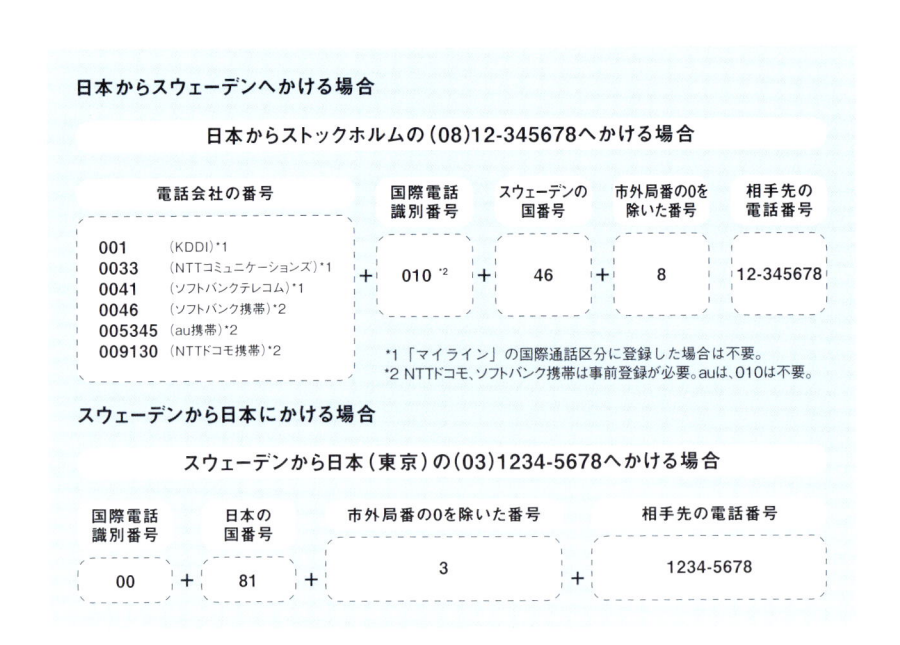

日本からスウェーデンへかける場合

日本からストックホルムの(08)12-345678へかける場合

電話会社の番号	国際電話識別番号	スウェーデンの国番号	市外局番の0を除いた番号	相手先の電話番号
001 (KDDI) *1 0033 (NTTコミュニケーションズ) *1 0041 (ソフトバンクテレコム) *1 0046 (ソフトバンク携帯) *2 005345 (au携帯) *2 009130 (NTTドコモ携帯) *2	010 *2	46	8	12-345678

*1 「マイライン」の国際通話区分に登録した場合は不要。
*2 NTTドコモ、ソフトバンク携帯は事前登録が必要。auは、010は不要。

スウェーデンから日本にかける場合

スウェーデンから日本(東京)の(03)1234-5678へかける場合

国際電話識別番号	日本の国番号	市外局番の0を除いた番号	相手先の電話番号
00	81	3	1234-5678

Sweden

お金

通貨はスウェーデン・クローネ（Krona）。国際表示は「SEK」だが、国内で値札などに使用している表示は「kr」。また補助硬貨はÖre（オーレ）。紙幣は20、50、100、500、1000SEKで、コインは50Öre、5、10SEK。両替は、銀行や空港、フェリー、バスのターミナル、駅などでできる。街にはForexという両替所がある。銀行は土・日曜日は休み。
＊1 SEK＝100Öre＝17.22円（2007年4月現在）

チップ

料金にサービス料が含まれている場合がほとんどなので、特にチップの習慣はない。レストランなどで、サービス料が含まれていないときは7〜10％ぐらいのチップを渡す。ただし、タクシーに乗車する場合は、料金の端数分を渡すのが普通。

税金

物品には25％及び12％の付加価値税（VAT）が課せられており、旅行者がグローバル・リファウンドの加盟店で購入額した場合、最大で購入金額の17.5％が還付される。「TAX FREE」の表示のある店で200SEK以上の買い物をしたら、旅行者である旨を申し出て、所定の書類（リファウンド・チェック）を作成してもらう（要パスポート）。
※詳細はグローバル・リファウンド・ジャパンH.P参照　www.globalrefund.com/

郵便

郵便局は「Postkontor」と呼び、シンボルマークは角笛と王冠。ポストは黄色。投函の際には「Air Mail」と明記するか、「PRIORITAIRE」と印刷されたシールを貼ること。日本まではハガキ1枚、20gまでの封書は10SEK。

交 通 情 報

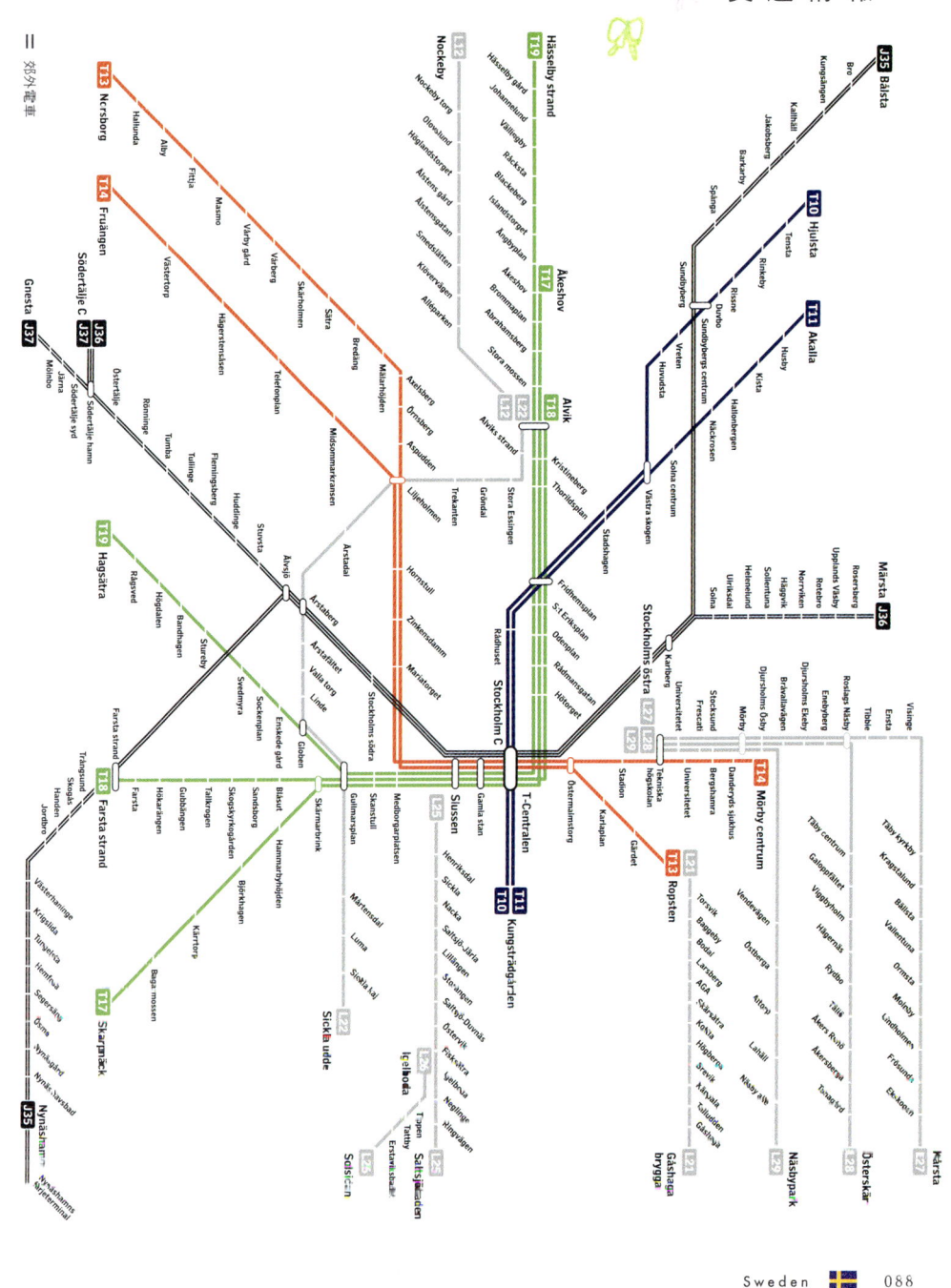

Sweden   088

トラム

レトロな車両が印象的な、新しい交通機関。市内に1路線、郊外に3路線走っている。市内の路線は一時廃止されたこともあるが、1991年に復活した。トラムも、地下鉄や市バスなどとの共通チケットで、乗車することができる。

市バス

前乗り後ろ降りのワンマンバス。乗車口でドライバーに行き先を告げて、チケットを購入する。降りる場所がどのバス停なのか自信がない場合は、ドライバーにお願いしておくと教えてくれる。チケットは購入してから1時間以内であれば有効。

地下鉄&郊外電車

地下鉄の中央駅、T-Centralen を中心に、5つの路線が走っている。また、地下鉄、市バス、トラム、郊外電車は、すべて Stockholms Lokaltrafik が運営しているので、共通のチケットで乗車が可能。郊外電車はユーレイルパスで、無料で利用できる。

空港から市内へ行くには

Bus

空港と市街にはエアポート・コーチが10〜15分間隔で運行している。チケットは自動券売機、もしくは観光案内所でも購入可能。行き先は中央駅の脇にあるシティ・ターミナル。ほかウプサラにいくバスもあり。

バス乗り場は空港を出て左側がバス乗り場。歩いていけばすぐにわかる

Train

市内へはアーランダ・エクスプレス・トレインが便利。AM5:00から24:35まで15分から30分間隔で運行中。所要時間は約20分、料金は片道200SEK、往復で380SEK。www.arlandaexpress.com

右が空港の自動券売機。モニターをタッチしてチケットが購入し、アーランダ・エクスプレス・トレイン

Taxi

各ターミナルにタクシー乗り場がある。空港から市内まで445SEKというステッカーつきのものをつかまえよう。表示がないと法外な値段をとられることがある。リアウィンドウにステッカーが貼ってある。

お国柄タクシーはボルボが多い。葉っぱのステッカーが貼ってあるのはエコタクシー

ストックホルムの
達人になれるカード
↓

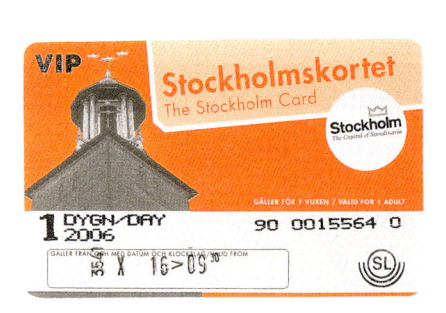

ストックホルム市を効率よく観光するためには
「ストックホルムカード」を上手に活用しよう。
市内観光バス、地下鉄、バス、近郊の電車が乗り放題になる上、
近郊の観光スポットへの入場やメーター式公営パーキングも無料になる。
各観光案内所、駅、ユースホステルなどで販売していて、
初回使用時に時刻のスタンプが押され、有効期限はその時点からはじまる。
カードは3種類あり、24時間用は270SEK（7〜17歳　120SEK）、
48時間用は420SEK（7〜17歳　160SEK）、
72時間用は540SEK（7〜17歳　190SEK）というように
有効期限の長いものほどおトク度は増していく。

Stockholm

Shopping

いま最も元気のある北欧デザインはスウェーデン。
そう、最新のデザインの素は
ストックホルムにたくさん転がっている。
最先端の北欧デザインを見つけよう!

Design Torget

デザイン・トリエ

日本では手に入らない、
北欧デザインの「いま」がある

斬新なアイデア雑貨の宝庫で、新鋭デザイナーたちの一風変わったオリジナル商品が主流のデザインショップ。短期間しか並ばないものもあるので、もし気に入ったものがあれば即買が鉄則だ。扱っている商品はキッチン用品や食器、バッグ、収納ケース、子ども用品、CDラックなど雑貨系が充実している。プレゼントやお土産にピッタリのおもしろグッズはここがおすすめ。訪ねるたびに新しい商品が見つかるのも楽しみのひとつだ。

ショップ内。宝物を探すようなワクワクした感覚でおもしろ雑貨を物色するのが楽しい。思わぬ出会いがあるかも

data

住所：Nybrogatan 16 SE-114
39 Stockholm
tel：+46-(0)8-611-53-03
営業時間：10:00～19:00
土～17:00、日12:00～16:00
休み：なし
www.designtorget.se
MAP：P.217 B-3（別店舗あり
P.214 D-2）

Sweden　092

Stockholm

ショーウインドーから楽しげなパターンの雑貨がよく見え、店内には新製品のデザインやバッグが並ぶ

10-Gruppen/10 Swedish

ティオグルッペン

まずはチェックしておきたい
テキスタイルデザイン

「ティオグルッペン」とはスウェーデン語で「10人のグループ」という意味で、1970年に10人のスウェーデンデザイナーが立ち上げたオリジナルテキスタイルショップの。現在は当時からのデザイナーであるビルギッタ・ハーン、トム・ヘドクヴィスト、インゲラ・ボーカンソンの3名がテキスタイルのデザインからバッグなどの商品、すべてを手掛けている。個性の異なる三者三様のデザインが楽しい。新商品が頻繁に出るのでチェックを。

data
10-Gruppen 20 SE-116
46 Stockholm
Tel: +46(0) 8 643 25 04
Mon-Fri: 11:00 – 18:00
土 11:00 – 17:00 日 12:00 – 16:00
定休日 なし
www.10gruppen.com
MAP: P.217 B-1

Ordning & Reda

オーデニング＆レダ

シンプルなデザインは
さすが北欧発のステーショナリー

整理整頓という意味をもつステーショナリー専門店「オーデニング＆レダ」。オリジナルのノート、ファイル、カード、バッグ、クリップ、ラッピングペーパーなど、オフィスや学校で役立つものはほとんどそろっている。シンプルでセンスのよいデザインが、さまざまな層に人気だ。特にバッグは機能的で使いやすいデザイン。スケジュール帳は毎年デザインが異なるので、毎回の発売を楽しみにしている人も多い。

ステーショナリーだけではなく、小物やバッグなどの商品もラインナップ。中には日本未発売のものも

data

住所：Göstgatan 32 SE, 116 21 Stockholm
Tel：+46-0-8-734-06-01
営業時間：10:00～19:00、土11:00～17:00、日12:00～16:00
定休日：なし
www.ordning-reda.com
MAP：P.217 B-3

Sweden　094

Stockholm

チョコレートやキャンディをモチーフ
にしたテキスタイルは、鍋つかみなど
のキッチン雑貨にもピッタリ

data

Bengt & Lotta
ベンクト&ロッタ

気鋭のデザイナーが開く
ショップ兼アトリエ

「ベンクト&ロッタ」は、ベンクト・リンドベリとロッタ・グラーバ夫婦のデザインチーム。ベンクトは羊や馬をモチーフにした鉄製のキャンドル、ロッタはエンジェルや人をモチーフにした小物が人気だ。オリジナルのテキスタイルはトレイやエプロンなどのキッチン雑貨としても人気で、日本にもファンがたくさんいる。常時オープンではないので、訪ねる前には連絡が必要。商品はIris Hanverkでも扱っている。

Design House Stockholm

デザインハウス・ストックホルム

ストックホルムといえば
このブランドは絶対チェック！

北欧のリーダー的デザイナーによるオリジナルデザインショップ「デザインハウス・ストックホルム」。日常生活に役立つ美しいデザインの商品を、手に入りやすい価格で提供することをモットーに、クオリティの高い北欧雑貨をそろえている。扱っている商品は食器などの雑貨や照明、椅子やテーブルなど。NKデパート、オーレンス・ストックホルムシティ店（P.99）にも入っている。

下）シンプルで使いやすい食器類も豊富。白地に細いスケッチの食器はディナーセット「ハーガ」

data

住所：Karlavagen 73, 114 49 A Stockholm
Tel：+46-70-8-5450 1223
営業時間：10:30-18:60
土 11:00-15:00
定休日：日・祝祭日
www.designhousestockholm.com
MAP 折り込み D2

Sweden 096

Asplund
アスプルンド

スウェディシュデザインの
「いま」が詰まっているショップ

　アスプルンド兄弟によるコンテンポラリーデザインのセレクトショップ。トーマス・サンデル、トーマス・エリクソン、CKRなどスウェーデンのリーダー的デザイナーによる家具や雑貨がそろっている。海外のデザイナーも起用したオリジナルカーペットは毎年新作が発表され、アスプルンドファンの楽しみとなっている。

data　住所：Sibyllegatan 31 SE-114 42 Stockholm
Tel：+46-(0)8-662 52 84
営業時間：11:00〜18:00（土〜16:00）
定休日：日・祝祭日
www.asplund.org
MAP：縦折り込みC-2

Duka
デューカ

手頃な価格が魅力の
デザイン雑貨

　スウェーデン国内に最も多くあるノールウェアショップ。イッタラ、ホガネス、オレフォスといった北欧ブランドのみならず、ドイツのVilleroy&Boch社なども扱っている。値段も手頃な普段使いの雑貨やキッチン器具が豊富で、オリジナル商品もある。2006年にはホームインテリアも取り扱いはじめた店舗もオープンした。

data　住所：Sveavägen 24-26 SE-111 57 Stockholm
Tel：+46-(0)8-10 15 30
営業時間：10:00〜19:00
（土〜17:00、日12:00〜16:00）
定休日：なし
www.duka.se
MAP：P.214 D-1

Iris Hantverk

イーリス・ハンドクラフト

木の温もりを感じられる
北欧デザイン

　ハンドクラフトの商品が豊富にそろっているが、もともとはブラシ専門店。目の不自由な人が馬や自然素材の毛を使って丁寧に仕上げるブラシが豊富だ。手作りのダーラナ馬や木製のバターナイフなど、ハンドクラフト系のスウェーデンらしいお土産も並んでいる。ベンクト＆ロッタの商品も充実。

data　住所：Kungsgatan 55 SE-112 22 Stockholm
　　　Tel：+46-(0')8-21-47-26
　　　営業時間：10:00～18:00（土～15:00）
　　　定休日：日・祝祭日
　　　www.irishantverk.se/
　　　MAP：P.215-C-1

Jobs Butiken

ヨブス・ブティック

ガムラスタンの旧市街の
散策の途中で寄りたい店

　ミッドセンチュリーから続くハンドプリントの老舗。植物や花など自然界をモチーフにしたタイムレスなデザインが人気。バッグなどの雑貨は女性に人気だが、インテリアとしてテキスタイルを購入していく男性も多いという。本社はダーラナ地方にあるが、ガムラスタンにショールームがある。

data　住所：Sysslomansgatan 26, Gamla stan, SE-111 29 Stockholm
　　　Tel：+46-(0)8-23-70-20
　　　営業時間：10:00～18:00（土 11:00～15:00）
　　　定休日：日・祝祭日
　　　www.jobshandtryck.se/
　　　MAP：P.215-I-N-2

Sweden　098

オーレンスデパートはスウェーデン国内にいくつもあり、センスのいい商品をお手頃価格でそろえている。特にホームインテリア売り場は、オリジナル商品が充実している。オリジナルのほかにもマリメッコやボロースコットンのファブリックもあるので、豊富な種類の中から好みを選べる。

department store
デパートの
ホームインテリア
売り場もチェック!

Åhléns Stockholm City
オーレンス・ストックホルムシティ店

data
住所：Klarabergsgatan 50 SE-101 29 Stockholm
Tel：+46-10-8-676-60-00
営業時間：10:00〜20:00（土〜18:00、日〜19:00）
定休日：なし
www.ahlens.se
MAP：P.214 D-2

simple design
スウェーデンの
無印良品!?

機能性、デザイン、手頃な価格、品質を重視したシンプルライフのための雑貨ショップ。白、黒、アースカラーを基調にした生活雑貨は、飽きの来ないデザインで誰にでも使いやすい。部屋を飾り立てるための雑貨は豊富なのに、片付けるための雑貨がないことに不満を抱いていたオーナーが1997年に1号店をオープンした。キッチン、バスルーム、リビングルーム、オフィスを片付けるためのあらゆる雑貨がそろい、特に散らかりがちな部屋をスッキリ片付けるためのファイル、ボックス、バスケットなどストレージ雑貨が充実。無地のテーブルウェアやキッチンマット、タオル、旅行用キットなど、生活に必要な雑貨もあるので、いろいろ物色してほしい。

Granit
グラニート

data
住所：Götgatan 31 SE-116 21 Stockholm
Tel：+46-8-642 10 68
営業時間：10:00〜19:00
（土〜17:00、日12:00〜16:00）
定休日：なし　www.granit.com/
MAP：P.217 B-3

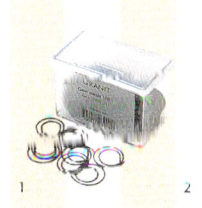

1) ありそうでなかった真っ黒のクリップ。39SEK。2) グラニート特製水筒。0.5ℓ入りで19SEK。携帯に便利なストラップは49SEK。3) シンプルな真っ黒い歯ブラシは10SEK。ケース19SEK

used&antique

アンティーク好きにはこの店!

アンティークショップの集うウップランズ通りでも特に品揃えが豊富。スティグ・リンドベリをはじめ、バーント・フリベリ、グンナル・ニールンド、カールハリー・ストルハーネといったミッドセンチュリーの巨匠の作品がそろっている。セラミックやストーンウェア以外にもアンティーク家具や照明もあり、北欧アンティーク好きにはたまらない品揃えだ。アートグラスではイタリアやフランスのものもそろえている。オーナーに聞けば店頭にないヴィンテージも見せてくれるので、気軽に話しかけてみて。

Bacchus Antik
バッカス・アンティーク

data
住所:Upplandsgatan 46 SE-113 28 Stockholm
Tel : +46-(0) 8-30-54-80
営業時間:12:00~18:00
(土 11:00~15:00)
定休日:日、祝祭日
www.bacchusantik.com
MAP:P.216-2 A-1

flea-market

日曜日は蚤の市に行こう!

地下鉄Hötorget駅前のノーベル賞の授賞式が行われるコンサートホール前にある広場は、平日は果物や野菜、花などが売られている市場だが、日曜日は一変してフリーマーケットと化す。ガラクタの中からお宝を探すスリルと価格を値切る楽しみはフリーマーケットならでは。さすがスウェーデンらしく、北欧アンティークが見つかることもあるのでよく探してみよう。アラビアやロイヤル・コペンハーゲン、リンドベリやリサ・ラーションのアンティークはよく見かけるアイテムだ。

Hötorget
ヒョートリエット・フリーマーケット

data
Hötorget市場
毎週日曜日9時より
MAP:P.214 D-1

Stockholm

Cafe & Restaurant

バラエティ豊かなストックホルムでの食事。
有名デザイナーが手掛けたレストランから
庶民派屋台のファーストフードまで
おいしい店を厳選して紹介!

Rolfskök

ロルフス・キッチン

有名デザイナーが競演した
本格レストラン

上）大通りから一本入った道にある。テラス席があり、賑わいを見せている。
下）魚介類の煮込み、パルメザン、バジル、クリームチーズ添え 185SEK

歩行者天国のドロットニング通り（Drottninggatan）を北に歩いて行き、テグネ通り（Tegnergatan）との交差点を右に入ったところにあるトレンディなレストラン。セメントの壁の高い位置には椅子が、手の届く位置にはソルト＆ペッパーが掛けられている。インテリアは気鋭デザイナー、ヨナス・ボリーンとトーマス・サンデルによるもの。いまでこそまったく異なる作品を手掛けるふたりがコラボしたインテリアは興味深い。インターナショナルなスウェーデン料理で、アートのように美しく盛られた料理も見もの

data

住所：Tegnergatan 41
SE-111 61
Tel：+46-8-10 18 96
営業時間：11:30～1:00
　　　　 日・祝休
定休日：7月・8月
※日曜日要確認
www.rolfskok.se
MAP　P216-2 B-2

Sweden　102

SPRING
スプリング

ヨナス・ボリーンが
空間から食器類まですべてデザイン

内装デザインをヨナス・ボリーンが手掛けたことで有名な店内。ほどよくデザインされた空間は落ち着く。食器類もオリジナルデザイン

スウェーデンの巨匠デザイナー、ヨナス・ボリーンがインテリアを手掛けたレストラン。内装はもちろん、家具、照明、食器類まで彼がデザインした作品を採用している。北欧のシンプルな美しさとアジア、アフリカ、南米のエキゾチックさをミックスしたテイストの料理が特徴。天ぷらや刺身をスプリング風にアレンジした料理などユニークなメニューがそろっている。併設のバーでは軽食とビールのセットもある。11月から12月はエキゾチックなクリスマスメニューのビュッフェが登場する。

data

Spring Karlavägen 110
SE-104 50 Stockholm
☎+46(0)8-7831580
営業 17:30～24:00(バー月～土)
　　 17:00(ディナー)～23:30(月～土)
定休日 日・祝祭日
食事予算 65kr～(バー)
¥+1214円前後
www.spring.se
MAP 別冊 P.35-A D-2

Rosendals trädgård

ローセンダール・ガーデン

オーガニックランチを
大自然の中でいただく幸せ

上）ヘルシーメニューも豊富。塩漬け
サーモンとポテトサラダ125SEK。下）
アウトドアテーブルには人々が集う

data

住所：Rosendalsterrassen 12
SE-115 21 Stockholm
Tel：+46-(0)8-545-812-70
営業時間：5月～9月
11:00～17:00（月～金）
～18:00（土・日）
10月～4月 11:00～16:00（火～日）
※ウェブを要確認
定休日：月曜日、1/1～2/2
www.rosendalstradgard.se/
MAP：折りこみ F-3

豊かな自然の残るユールゴーデン島の奥に、野菜やハーブを育てているオーガニック栽培の庭園がある。温室内のカフェテリアでは採れたての有機野菜を使ったサラダやスープを味わうことができる。併設のベーカリーで焼いたばかりのクルミパンやフルーツパンは噛むほどに口の中で味わいが広がる。焼きたてのクッキーやシナモンロールも美味。夏場はアウトドアのテーブルでの食事がおすすめ。リンゴの木が茂る芝生で大の字に寝転べば、大自然と一体感がもてること間違いなし。ホームメードジャムやハチミツ、オリジナルティーが人気。

Sweden

street vendor's stall
屋台で楽しめる本格スウェーデン料理

地下鉄Slussen（スルッセン）駅前の広場にある焼きニシンとトナカイの屋台は気軽にスウェーデン料理を味わえるとあってランチタイムには行列ができる。広場にあるテーブルやベンチに座って太陽の下で食べるシンプルな味は素朴で美味。小腹がすいた人にもおすすめ。

Strömming Vagnen
焼きニシンの屋台

data
住所：Södermalmstorg
営業時間：11:00～18:00
定休日：土・日・祝祭日
MAP：P.217 B-3

焼きニシンのトッピングはオニオン、ディルなどが選べる。乾燥パンとニシンの酢漬け。33 SEK

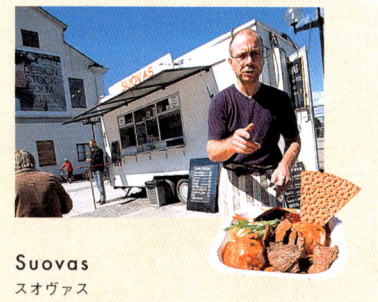

Suovas
スオヴァス

data
住所：Södermalmstorg
営業時間：11:00～18:00（土～17:00）
定休日：日・祝祭日
MAP：P.217 B-3

ヒレ肉のように柔らかいトナカイが自慢。試食もさせてくれる。トナカイのスライス肉、スオヴァス。55SEK

market
新鮮な食材を求めるなら市場へ

100年以上の歴史をもつ生鮮市場は新鮮な魚や肉をマリネしたデリカテッセンも充実。レストランでは新鮮な魚を使ったスウェーデン料理がおすすめ。サンドイッチや焼きたてのパン、デザートもそろっていて、食べたいものを選んで持ち帰ってもいい。目の前の新鮮食材がアッという間に美味なる料理に。

Östermalms saluhall
オステルマルム市場

data
住所：Östermalmstorg
営業時間：9:30～18:00
（金～18:30、土～16:00）
定休日：日・祝祭日
www.ostermalmshallen.se
MAP：P.214 F-1

マクドナルドのデザインは
世界共通と思っていたら大間違い。
ストックホルムのマクドナルドは何だかおしゃれだぞ！

McDonald's
デザインマクドナルドに行こう！

　スウェーデンのマクドナルドはひと味違う。メニューは各国共通だが、使っているカップやレストランの内装にオリジナリティがあるのだ。地域にふさわしいインテリアを目指しているスウェーデンのマクドナルドは、各レストランによって内装が異なる。CKRによってリニューアルされた第1号店は近年また新しく生まれ変わり、ダークブラウンの椅子や壁がより落ち着いた印象となった。子どもっぽいデザインを避ける傾向のあるスウェーデンでは、子どもが多く利用する施設でさえ大人が落ち着くインテリアを採用する。また、2005年、2006年と登場したデザインカップはちょっとほかではお目にかかれない代物だ。

クングスガータン店の近年リニューアルされた店内。ダークブラウンを基調とした落ち着いたデザイン

過去にはこんなカップも登場

2005年3月に登場したデザインカップは、スティグ・リンドベリの人気パターン、ベルショとアダムが採用された

2006年夏に登場したのは、デザインカップコンテストで選ばれた3作品。それぞれアウトドアカフェ、ゴールドスプーン、ペラゴニウムがモチーフ

フリーペーパーもちゃんとデザインしてます

お馴染みマクドナルドのキャラクターが登場する、テイクフリーのパンフレット。キャラクターが入っていてもセンスのいいデザイン

さわやかな色づかいの表紙。中面は切り抜きの食材写真を使った洗練されたエディトリアルデザイン。思わず持ち帰りたくなる

data
住所：Kungsgatan4 Stockholm
Tel：+46- (0) 8-20-51-18
営業時間：7:00～1:00（金 6:00、土 10:00～6:00、月 10:00～24:00）
定休日：なし
www.mcdonalds.se
MAP：P214 E-1

Sweden　106

Stockholm

HighLight

古き良き時代のデザインに酔いしれたいなら、
森の十字架と私立図書館へ足を運ぼう。
ヴィンテージの陶磁器探しの旅に行くのもおすすめ。
最新デザインは、モダンファニチャーガイドを参考にして。

アスプルンドの建築に酔いしれる-1

森 の 十 字 架

ストックホルムの郊外に素晴らしい場所がある。
ゆるやかな緑の丘に象徴的に十字架が佇む
その場所は「森の墓地」という。
そう、ここは一生を終えた人が静かに眠る場所だ。
静謐なこのランドスケープをデザインしたのは
モダン建築の巨匠、エリック・グンナール・アスプルンド。
この壮大な地に佇むと、死が決してこの世の終わりではなく、
新たな旅立ちであることを悟る。

Erik Gunnar Asplund
エリック・グンナール・アスプルンド
(1885〜1940)

1885年ストックホルムに生まれる。1920年代に機能主義のパイオニアとして注目を浴びる。代表作はストックホルム市立図書館、ヨーテボリ裁判所の増築、森の墓地、そのほかプライベートの住宅。1930年にはストックホルム博覧会の主任建築家となる。森の墓地が完成した年、1940年の10月没

この地に足を踏み入れると、まずその壮大なランドスケープに圧倒される。高くそびえる十字架に向かってゆっくり歩き出すと、ここが生と死が共に息づいている聖域であることを感じはじめる。右側のゆるい坂の頂上にある瞑想の丘まで登ると、向こう側に墓石が見えてくる。右奥には個人で墓石を持たない人々のための共同墓地ミンネスルンドがある。森に通じるミンネスルンドの丘の入り口には、絶えず花が飾られている。ストックホルムの中心地から地下鉄で20分ほどの郊外にある「森の墓地」は自然と見事に調和した景観をもち、1994年にユネスコの世界遺産に登録された。

この設計を手掛けたのは、二人の若き建築家グンナール・アスプルンドとシグルド・レウェレンツだ。1910年代にストックホルム市は南地区にある松林の覆い茂った広大な土地に墓地を建設することを決定し、新

Sweden　108

建物から離れた場所にある広大な芝生に、ぽつんと佇む巨大な十字架が印象的だ

Stockholm

左）丘の上に登り敷地を眺めると広大な景色が広がる。規則正しく並ぶ墓石が規律のある美しさを醸し出している。左上）柿葺きの屋根と抑えられた天井が森と調和する建築を生み出した。右上）大礼拝堂の照明デザイン。天井に向かって光を照らす工夫はさすが照明の国、北欧と思わずにいられない

The Woodland Cemetery

しい墓地の企画を国際コンペで募った。その企画にはランドスケープや地形が損なわれることなく、土地の特徴を生かした美しい墓地であることが求められた。そして、その要望に見事に応えたアスプルンドとレヴェレンツの提案が優勝したのだ。

建築は1917年から1940年の間にゆっくりと施工された。1920年にアスプルンドが設計した森のチャペルが完成した。敷地の中ほどにひっそりと佇む小さなチャペルだ。1925年にはレヴェレンツが設計を担当した復活のチャペルが完成した。こちらは高さのあるがっちりした神殿風で、二人の個性の違いがうかがえる。1922年から1923年の間には、三角形の屋根が特徴的なサービスハウスがアスプルンドにより設計された。ここは1998年に改装されて森の墓地の情報が得られるインフォメーションセンターとなっている。1937年から1940年にはアスプルンド設計による火葬場のある新しいチャペルが施工された。それぞれ三つのチャペルの中ほどに置かれる棺は、葬儀の後そのまま地下にある火葬場へと降りていく。森の墓地がすべて完成した1940年にアスプルンドはこの世を去った。そして自身が最後に手掛けたチャペルで火葬され、いまは大きな十字架に平行した場所にある墓地の中に眠っている。

森の火葬場は、季節ごとに異

Stockholm

なった美しさを見せてくれる。春夏には太陽に照らされた芝生が輝き、チャペル前の水面に十字架を浮かび上がらせる。11月のオール・セイント・デーには、亡くなった霊を偲んで至るところにキャンドルが丘一面に灯される。冬には雪で真っ白に覆われたランドスケープに十字架がぽっかりと浮かび上がる。永眠の地として、人間にとってこれほどふさわしい場所は、ほかにはないかもしれない。

data

住所: Sockenvägen 492, 122 33 Enskede
TEL: +46-(0)-8-508-301-00
日本語: skogskyrkogarden.se
交通: 地下鉄T18号線でT-Centralenから Farsta Strand行き Skogskyrkogården garden駅で下車

アスプルンドの建築に酔いしれる-2
ストックホルム市立図書館

正面入り口の暗くて細い階段を上がると、
急に視界が開けて目の前に本のパノラマが広がる。
吹き抜けになった円形ホールの壁にギッシリと詰め込まれた書籍は、
知の森として私たちの前に壮大な姿を現す。

data

住所：Sveavägen 73／Odengatan 55
電話：46-(0)8-508-31-060
開館時間：詳しくはHPを参照
www.ssb.stockholm.se
MAP：P.216 2-B

Stockholm

ストックホルム市内にある市立図書館はどこも趣向を凝らしたつくりになっているがなんといっても圧巻はアスプルンド建築の図書館だ。ちょっと目をひくオレンジ色の円形ホールと周りを囲むコップ型の建物は、遠くからでも存在感がある。エリック・グンナール・アスプルンドによって設計された図書館は1924年から1928年に施工された。

アスプルンドは図書館の設計に入る前に、上にアメリカの図書館を中心に見学してまわった。当初の彼の案では正面ホールはドーム状に広がった。その後ホールを「明るくする」ために円形へと変更した。実際にこのホールに入ってみると、円形の高い天井の上から幸しい日差しが室内を明るく照らしている。この図書館は1920年代の新古典主義から機能主義へと移り変わる時代として後北欧で機能主義が発展していく上での代表

Stockholm Public Library

的な建築となった。アスプルンドは図書館を設計する上で、椅子や照明等の備品も自分で手掛けた。この図書館には至るところにオブジェや彫刻が施されていて、人々の目を楽しませてくれる。図書館はストックホルムの北地区にあるふたつのメイン

左上）正面ホールの東西南北に入り口があり、専門書の部屋に通じている。閲覧室やコンピュータがあり、人々は静かに本に読みふけっている。図書館の至るところに、アスプルンドがデザインした椅子やアートが見られる。右上）正面ホールの書架に3階にわたって収められている書籍は国別、分野別になっている。一周すると次の階の階段につながっている。右下）直方体と円柱で構成されるシンプルな外観

Sweden 114

Stockholm

ストリート、オデン通りとスヴェア通りとの交差点に建設されたニつのエントランスがあるが、メインはエジプトの門を思わせるスヴェア通りから入って行くエントランスだ。ゆるい階段を上って小さな回転ドアから中に入ると、正面に幅の狭い階段があり、黒い壁の両側にはイリアッドをモチーフにした彫刻が施されている。正面に向かう急な階段を上って行くと、視界が広がって陽が差したように明るい書架が見えてくる。入り口の暗さとホールの明るさのコントラストが印象的だ。市民にとってなくてはならないこの施設は、市によって現在増設を計画中。利用者が広い世代に渡ってますます国際的になり、社会の知識も向上している現在はそれに伴って図書館も改善する必要があるという。増築を手掛ける建築家は、コンペによって選出されたが、2000を超える建築家が案を提出しているそうだ。

Scandinavian traveler's guide

グスタフスベリ陶磁器博物館

陶器好きにはたまらない
ミュージアム兼ショップに行こう!

ストックホルム市内からバスで20分程度の郊外にある「グスタフスベリ・センター」は、新しいデザインスポットとして注目を浴びている。テーブルウェア工場、博物館、イッタラやオレフォシュ・コスタボダのアウトレットショップ、アンティークショップ、ハンドクラフトの展示会場など、デザインに関するスポットが集まっている。ツーリストセンターでは地図や本、デザイン小物が手に入る。グスタフスベリ陶磁器博物館では1800年代からのテーブルウェアが展示され、リンドベリ、コーゲの作品が充実している。2006~2007年1月までスティグ・リンドベリの特別展示会を開催した。

1) 博物館内の1階左側はリサ・ラーションの工房。つくりたての動物や人形たちが手に入る。右側のミュージアムショップでは、テーブルウェア工場でつくられた製品や書籍等を販売。2) センター内の工場では手作業での製品づくりが続けられる。3) 建物は湖の近くにある

Stockholm

117   Scandinavian traveler's guide

アンティークからアウトレットまで 押さえておきたい買い物スポット

グスタフスベリ陶磁器博物館に来たら、ショップは必見。格安で手に入るものもあるので、是非上手な買い物を。

ハンドクラフトの展示会場では毎回異なった展示が行われている。会場の入り口付近にはショップがあり、復刻版や新しいテーブルウェアなどが購入できる

テーブルウェア部門。いまだに昔ながらの方法で製品がつくられている。リンドベリの復刻版などのセカンドクラスは、ファクトリーショップで格安で手に入る

アンティークショップでは、グスタフスベリ、ロールストランドなどのテーブルウェアが充実。センター内の奥まったところにある小さな家がショップだ

イッタラ系アウトレットショップは、イッタラ、ロールストランド、ホガネス、ハックマン、ボダノバの製品が格安。リサ・ラーションの動物シリーズも豊富

Gustavsberg's Porslinsmuseum

data

住所：Odelbergs väg 5, SE-134 40 Stockholm Gustavsberg
Tel：+46 0 8 570 35 658
開館時間：5月〜8月10:00〜17:00（月〜金）、11:00〜16:00（土・日）、9月〜4月11:00〜16:00（火〜日）
休館日：月・祝祭日、5月、8月は祝祭日のみ
入館料：大人40SEK
交通：ストックホルム市内地下鉄Slussen駅の真上バスターミナルより474番のバスに乗り約30分、Farstaviken にて下車
www.porslinsmuseum.varmdo.se

Sweden 118

> Study!

ヴィンテージ陶器を代表する北欧の製陶窯とは？

窯は今でいうメーカーに相当する存在。
ここでは、現在でも人気のある北欧の主要な窯を紹介したい。

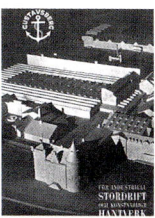

Gustavsberg
グスタフスベリ（スウェーデン）

1640年にレンガ工場としてはじまり、1825年陶磁器メーカーとして再出発。20世紀初頭にヨセフ・イクベリがアートディレクターに就任し、精力的に活動。その後ヴィルヘルム・コーゲがフリーベリやリンドベリを育成してグスタフスベリ黄金時代を築くが、1987年アラビア社に買収され、翌年ロールストランド社と合併した。

これがロゴ。サインは所属デザイナーのベルント・フリーベリのもの

伝統ある工芸誌フォルムの表4広告（右）はいつもグスタフスベリだった

Rorstrand
ロールストランド（スウェーデン）

創業は1726年。ヨーロッパで2番目に古い歴史をもち、1800年代後半には1000人以上の従業員を抱える大企業に成長。1931年にグンナー・ニールンドがアートディレクターになり、アールデコ調の秀作を多数発表。さらに1939年にカール・H・スタルハンがアシスタントディレクターとして合流し、ふたりで一時代を築いた。

Royal Copenhagen
ロイヤルコペンハーゲン（デンマーク）

1775年、王室御用達の製陶所として設立。1885年に就任したアーノルド・クローの功績により、世界中にその名が広まる。1950年代から活躍したニールス・トソンも有名。創設から230年にわたり伝統は受け継がれ、現在も熟練のペインターによりハンドペイントで描かれている。美しい絵付けも人気が高い理由のひとつ。

Arabia
アラビア（フィンランド）

1873年、ロールストランドの関連製陶所としてアラビア地区に開設されたのがはじまり。創業当初はロシアに輸出するキッチン用品や衛生陶器を製作していたが、1890年代にアートを意識した独自の路線を模索しはじめる。1945年にカイ・フランクが主任デザイナーに就任してからは機能美あふれる日常品で知られている。

Stockholm

119　Scandinavian traveler's guide

スウェーデン発
北欧モダンファニチャーガイド

若手実力派デザイナーが活躍する北欧諸国の中で、特にエネルギッシュなのがスウェーデンだ。注目すべきブランドを覚えておこう。

David design

デイヴィッド デザイン

Designers
クラーソン・コイヴィスト・ルーネ
モニカ・フォシュテル
ヨハンナ・エグネル
ティム・パワー　etc.

家具から陶器まで幅広いラインナップが魅力の、スウェーデンを代表するモダンインテリアメーカー。新進気鋭の実力派デザイナーを多数起用しながら、ベーシックな価値観で統一感のある、どこか温かみが残るテイストが持ち味。

Sofa Table She
ソファテーブル She

天板は木目の美しさを最大限に引き出すマット調の仕上げ。天板の卵形や繊細に曲げられた脚部分など、有機的なフォルム。ヨハンナ・エグネルの作品

Modern Furniture

Light Frame S
ライトフレーム S

透明なアクリル板の羽根を組み合わせたペンダントランプは、シャンデリアを思わせるモダンなデザイン

Side Table Coffee Bean
サイトテーブルコーヒービーン

ソファの脇にぴったりと置けるよう、欠けた月のようなかたちをした小ぶりなテーブル。ティム・パワーがデザインした

Byrne
バーン

エーロ・コイヴィストの作品。アーム付きやキャスター付きベースといったバリエーションも魅力のシンプルチェア

Sweden

Stockholm

SWEDESE

スウェデッセ

Designers

イングベ・エクストローム
マイケル・ヤング
ジェームス・アーバイン
トーマス・サンデル
トーマス・バーンストランド　etc.

1945年、建築家イングベ・エクストロームによって設立。プライウッドを使用した高品質な家具には定評がある。日本を含め、世界中からデザイナーを起用。

Lamono High Chair
ラミノ　ハイチェア

スウェデッセ創設者イングベ・エクストロームが1956年に発表したチェア。古さを感じないデザイン

cbi design

シービーアイデザイン

Designers

ビョーン・ダルストローム
アンナ・フォン・シェーヴェン
トーマス・バーンストランド
ジェームズ・アーバイン
etc.

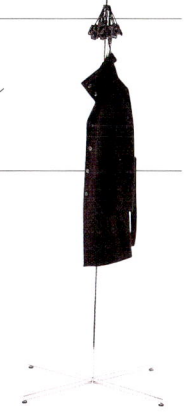

優れたデザイナーを起用し、公共空間や住宅向けプロダクトなどを手掛ける。長年の使用に耐えうる品質が魅力で、数々の作品がデザインコレクションとして美術館に展示された。

TB GOBBLE Coat Hanger
ゴブル　コートハンガー

多くの衣類を同時に掛けられるコートハンガー。ジャケットやコートの首にあるループを引っ掛けて使う

OFFECCT

オフェクト

Designers

クラーソン・コイヴィスト・ルーネ
カリム・ラシッド
トーマス・エリクソン
トーマス・シグネル
オッレ・アンダーソン　etc.

基本コンセプトは人の集まる公共の場所や住環境、職場に優れたデザインの家具を用い、人々にプラスの効果を与える環境をつくり出すこと。斬新で質の高い家具を展開。

Kennedy Sofa
ケネディソファ

都会的な雰囲気の漂う洗練されたデザイン。オットマンもビビッドな色がそろい、インテリアにアクセントを与える

GÄRSNÄS

ヤシネス

Designers

オーケ・アクセルソン
ラルフ・リンドバーグ
アンナ・フォン・シェーヴェン
コルド　しルうンケ

インテリアアーキテクトでもあるオーケ・アクセルソンが頭いるキャフリーストーレンが、南スウェーデンの老舗家具工場を受け継いで改名。誕生したブランド。

HUG 4570 Chair
ハグ4570チェア

蝶の羽のようなチェアはアンナ・フォン・シェーヴェンのデザイン。フレームにはナチュラルビーチを使用

象徴的なシンボルから歴史的建造物まで…

ここも見逃せない！
ストックホルム観光スポット

Stockholm City Hall (Stockholm Stadshus)
ストックホルム市庁舎

ノーベル賞祝賀晩餐会が行われる場所

建築家ラグナル・エストベリの設計により、1909〜1923年に建設された街のランドマーク。ナショナル・ロマンティシズム建築の傑作としても知られる。なかでも、毎年ノーベル賞の祝賀晩餐会が行われる青の間、パーティーが行われる黄金の間が有名。市庁舎内部はガイドツアーでのみ見学ができる。

data
住所：Hantverkargatan 1
Tel：+46-(0)8-508-29-058
開館時間：10:00〜16:00
休館日：なし ※見学はガイドツアーのみ
入場料：60SEK（ストックホルムカードで入場可）
www2.stockholm.se/cityhall MAP：P.215 B-3

Stockholm Cathedral (Storkyrkan)
大聖堂

ストックホルム最古の教会

王宮（Kungliga Slottet）の背後にそびえる、ストックホルム最古の教会。1279年の建造だが、何度も改築、増築がなされ、現在の大きさになったのは1480年代のこと。内部は後期ゴシック様式で外観はバロック様式になっている。聖堂内部にある「セント・ジョージと龍」の木彫りなど、繊細な彫刻が見事。

data
住所：Trangsund 1 Gamla Stan
Tel：+46-(0)8-723-30-16
開館時間：10月〜5月14日 9:00〜16:00
5月15日〜10月 9:00〜18:00
休館日：なし
入場料：25SEK（ストックホルムカードで入場可）
MAP：P.216-1 B-1

Sergels Sguare (Sergels Torg)
セルゲル広場

中央駅やショッピングビルに直結

ストックホルム市の中心となる広場。フロアには白と黒のタイルがモザイク状に敷き詰められていてモダンなデザイン。地下鉄中央駅に直結していて、散策の基点となる。広場に面して建つガラス張りの建物は文化会館で、市民劇場や映画観、カフェやショップ、若手アーティストのギャラリーが入っている。

data
住所：地下鉄T-Centralen駅下車すぐ
文化会館URL：www.kulturhusetstockholm.se
MAP：P.214 D-2

Subway Station (T-banan)
ストックホルム内地下鉄

地下鉄駅に施されたアート

ストックホルム市内を走る地下鉄全線100駅中66駅は、プラットフォーム全体がまるで美術館のよう。岩盤を掘抜いた地肌には、コンペで勝ったさまざまなアーティストがペイントや彫刻を施している。独創的な絵が描かれた写真はKungstradgarden駅。日本人彫刻家が手掛けた駅（Vreten）もある。

data
行き方：チケットのいらない駅があるのは地下鉄
10、11、15、24番線

Sweden

Stockholm

Hotel

せっかくストックホルムに滞在するなら
デザインホテルに泊まってみたいもの。
空間からアメニティまで
その洗練されたデザインを楽しんでほしい。

Clarion Hotel Stockholm

クラリオン・ホテル・ストックホルム

モダンな雰囲気で
北欧スタイルを楽しめる

上）1階のラウンジ。昼間は開放的な印象、夜はシックな雰囲気の両方を楽しめる。下）部屋のインテリアは北欧らしいシンプル＆モダン

data

住所：Ringvägen 98 SE-104 60 Stockholm
Tel：+46-(0)8-462-10-00
Fax：+46-(0)8-462-10-99
料金：平日1650SEK～（シングル）、1905SEK～（ダブル）
＊週末、夏期1025SEK～（シングル）、1370SEK～（ダブル）
www.clarionstockholm.com/
MAP：綴じ込み C-5

地下鉄Skanstull駅の目の前に建ち、ショッピングセンターにも近い便利な場所にありながら、湖を見渡せるホテル。湖側にはプライベート庭園コロニーロットが見下ろせる。ガラス張りの入り口から中に入るとモダンな空間のロビーがあり、エレベータに向かうゆるい坂にはオブジェがある。北欧の著名なアーティストがホテルのために制作したアートや、ギャラリーからセレクトしてきたオブジェがホテル内のところどころに飾られ、人々の目を楽しませてくれる。

Hotel Birger Jarl

ホテル・ビリエル・ヤール

気鋭デザイナーが手掛けた
デザイナーズルームが人気

ヨナス・ボリーン、トーマス・サンデル、トム・ヘドクヴィスト、スヴェンスクテン等の気鋭デザイナーが手掛けたデザイナーズルームが人気。お気に入りのデザイナーのインテリアや家具に囲まれた部屋で過ごせば、彼らが夢にまで出てきそうだ。それぞれのデザイナーズルームからインスパイヤされたオリジナル曲のCD「ミス・ドッティ」の好評を得て第2弾もリリース。その他のスタンダードルームもすべてスウェーデンデザインで、風水や光をテーマにした部屋などバラエティに富んでいる。

上）当ホテルの顔、ヨナス・ボリーンがデザインしたスイート。下）トーマス・サンデルがデザインした709号室「ミス・ドッティ」は女性に人気

data

住所：Tulegatan 8, SE-104 32 Stockholm
Tel：+46-(0)8-674-18-00
Fax：+46-(0)8-673-73-66
料金：1830SEK〜（ツイン）
207SEK〜（シングル）
www.birgerjarl.se
MAP：P.216 2-C-1

Hotel J Nacka Strand

ホテル・J・ナッカ・ストランド

船でわずか20分の場所にある
大自然に抱かれたホテル

上）ホテルの建物に囲まれたパティオ。目の前に広がるのは紺碧の海。市街からわずか20分の地とは信じられない

ストックホルム市内の中ほどにあるニーブロプラン (Nybroplan) 港から船でわずか20分程度の群島の一角にある。日中は都会でショッピングや観光を楽しみ、夕方には船で自然のど真ん中にあるホテルに帰宅するという贅沢が味わえる。身も心もリフレッシュすること間違いないだろう。アメリカのニューポートを思わせるマリン風のインテリアはデザインエージェントR.O.O.Mが手掛けた。ブルーとホワイトを基調にしたファブリックとダークブラウンの家具との相性が抜群。

data

住所：Ellensviksvägen 1, SE-131 28, Nacka Strand
Tel: +46-(0)8-601 30 00
Fax: +46-(0)8-601 30 09
料金：平日1795SEK〜（シングル）、2195SEK〜（ダブル）
＋週末、夏期1215SEK〜（シングル）、1575SEK〜（ダブル）
www.hotelj.com
※税金は別途請求

Villa Källhagen Hotel

ヴィラ・シェルハーゲン・ホテル

アットホームな雰囲気でのんびり。
これぞスモールホテルならでは

上）各部屋やパブリックスペースからは海を一望できる。こんなところでしばらく贅沢な時間を過ごしたいものだ

data

　自然の残るユールゴーデン島の湖のほとりにあるホテル。ストックホルム市内にありながら森と湖に囲まれた環境はまるで別世界だ。道路を挟んだ反対側には広大な野原が広がり、市内で一番高いカクネス塔がよく見える。湖の向こう側は野外博物館スカンセンだ。ホテルは2階建てでわずか20部屋のみなので、アットホームな雰囲気でのんびりと過ごせる。併設のレストランも評判で、特に人気なのは週末のブランチだ。大使館街が近いので、各国外交官らもランチでよく利用するそうだ。

北欧プロダクト
ブランド辞典
2

エヴァトリオ／エヴァソロ
eva trio/eva solo
デンマーク

1930年、エリック・マゴー氏が創立した「エヴァ・デンマーク」。その中に属するブランドが「エヴァトリオ」と「エヴァソロ」両シリーズ。共に、シンプルなデザインでありながらも、調理器具としての機能性を最優先に考えられたキッチンツールブランド

EVA TRIO Kettle

ジョージ・ジェンセン
GEORG JENSEN
（1904～）デンマーク

デザイナーで工芸家のジョージ・ジェンセンが設立したアクセサリーメーカー。シンプルながらも機能美にあふれたステーショナリーやカトラリーを扱う。100年以上の歴史をもち、デンマークとスウェーデン両国の王室御用達を務め、数々の名誉ある賞を受賞

AJ Cutlery

フィスカース
FISKARS
（1649～）フィンランド

1649年にヘルシンキの小さな村で創業して以来、350年以上の伝統をもつ北欧の老舗刃物メーカー。オレンジ色の独特なグリップの軽量はさみを1960年に発表し、数々の賞を受賞。創業時から変わらぬ高水準を保ち、効率的で使いやすい刃物をつくっている

Bent Right Handed Scissors

シナサンド／サンデン
kinnasand/SANDEN
スウェーデン

創業200年以上の老舗テキスタイルメーカー。現在シナサンドはラグを扱うメーカーとしてドイツに移動。テキスタイル部門はリンデンとしてスウェーデンに移った。品質やデザイナーなどは変わらない姿勢のまま続けている

CATARINA

ホルムガード
HOLME GAARD
（1825～）デンマーク

そのクオリティの高さから世界中の美術館でコレクションされ、デンマーク王室御用達にも選ばれているという名門グラスウェアブランド。優美な曲線を描く優れたデザインの製品が多い。時を超えて、1950～60年代のアンティークも高い人気を誇っている

candle holder

Scandinavian traveler's guide
Helsinki

ヘルシンキ

夏、白夜の季節に、地平線を這うようにして
いつまでも沈まない太陽。
低い太陽の光は、街や人々、森や湖などの自然を
真横から美しく照らし、長い影をつくる。
すべてが太陽の色に染まる、
のんびりとした時間をヘルシンキで過ごしてみたい。

Helsinki

finland

Scandinavian traveler's guide

森と湖の街　ヘルシンキ

ヘルシンキの楽しみ方

　フィンランドの首都ヘルシンキ。海があり、森があり、広い空がある。街はコンパクトな手のひらサイズとたとえてもよいだろうか。中心部は隅々まで歩き回るのに、ちょうどいい大きさだ。白い壁が眩しい大聖堂のエリアはヘルシンキの心臓部。C.L.エンゲルが設計した建物が並ぶ。マーケット広場の新鮮な野菜や魚は、どことなくエキゾチックで眺めているだけで旅行気分を引き立ててくれる。ウスペンスキ寺院はオーソドックス派の教会。荘厳なほどに重厚な内部空間は、カトリックやプロテスタントとも大聖堂のルーチン派の教会ともまったく異なる。アンティークショップや居心地のよいカフェなどは街のあちこちに散らばっているので、街角を歩いて、自分の足でお気に入りを見つけてみるのもおもしろいだろう。ショップや飲食店がたくさん集中しているエリアでは、老舗のデザインショップの建ち並ぶ中で小さなデザイナーズショップが目を惹く。特にここ数年、若手ファッションデザイナーたちのエネルギッシュなショップが急増し、ヘルシンキファッションはますます目が離せない。ファッションに刺激された形で工業デザインやグラフィックデザイナーたちもアクティブだ。中央駅斜め向かいのアテネウム美術館では、フィンランドを中心とした北欧美術の歴史的な作品の数々を見ることができ、キアズマでは斬新なアートが楽しめる。歴史、買い物、アートと旅の楽しみは尽きないが、ヘルシンキではその街並み、アルヴァ・アアルトをはじめとした建築も魅力だ。そして歩き疲れたら、地元の人たちに倣って公園でのんびりしたり、海や自然を眺めたりと穏やかな時間を堪能してみてはいかがだろうか。

フィンランドの地理

国土は日本の約80％で、北側はノルウェー、西側はスウェーデン、東側はロシアと国境を接しているフィンランド。南北に長細く、国土の3分の1は北極圏内に位置している。国土の65％が森、10％が湖沼と河川、8％が耕作地と自然の宝庫。首都ヘルシンキは、緑豊かな森や美しい海岸線に彩られた「バルト海の乙女」とよばれるモダンな街。

ことば

公用語はフィンランドとスウェーデン語だが、ほとんどの人が英語を話せる。多くの地名はフィンランドとスウェーデン語の2種類がある。

すぐに使えるフィンランド語

数字			あいさつ＆返事			時間		
0	nolla	ノッラ	やあ／ハイ	Terve.	テルヴェ	月曜日	maanantai	マーナンタイ
1	yksi	ユクシ	こんにちは	Päivää.	パイヴァー	火曜日	tiistai	ティースタイ
2	kaksi	カクシ	おはよう	Huomenta.	フオメンタ	水曜日	keskiviikko	ケスキヴィーッコ
3	kolme	コルメ	こんばんは	Iltaa.	イルター	木曜日	torstai	トルスタイ
4	neljä	ネリヤ	おやすみなさい	Yötä.	ユオタ	金曜日	perjantai	ペリヤンタイ
5	viisi	ヴィーシ	さようなら	Näkemiin.	ナケミーン	土曜日	lauantai	ラウアンタイ
6	kuusi	クーシ	ありがとう	Kitos.	キートス	日曜日	sunnuntai	スンヌンタイ
7	seitsemän	セイツェマン	ごめんなさい	Anteeksi.	アンテークシ	今日	tänään	タナーン
8	kahdeksan	カハデクサン	どういたしまして	Olkaa Hyvä.	オルカー ヒュヴァ	昨日	eilen	エイレン
9	yhdeksän	ユフデクサン	わかりました	Ymmärrän.	ユンマラン	明日	huomenna	フオメンナ
10	kymmenen	キュンメネン	わかりません	En ymmärrä	エン ユンマラ			

時差とサマータイム

日本時間からマイナス7時間。サマータイムは、3月最終日曜日から10月の最終日曜日まで。この時期は、時間が1時間早くなり、時差は6時間になる。ほかの北欧3国との間にも1時間の時差があるので、フィンランドから移動する際は要注意。

電話

通常、ホテルの部屋から電話をかけると手数料がかかるので、公衆電話からかける方がおトク。公衆電話には、50CENT、€1、2の硬貨が利用できるものと、テレホンカードが使えるカード専用のものがある。バスターミナルや駅の付近に設置されている。国内電話の最低料金は€3で、国際電話の最低料金は€5。テレホンカードは複数の会社のものが発売されており、キオスクや郵便局などで簡単に購入できる。

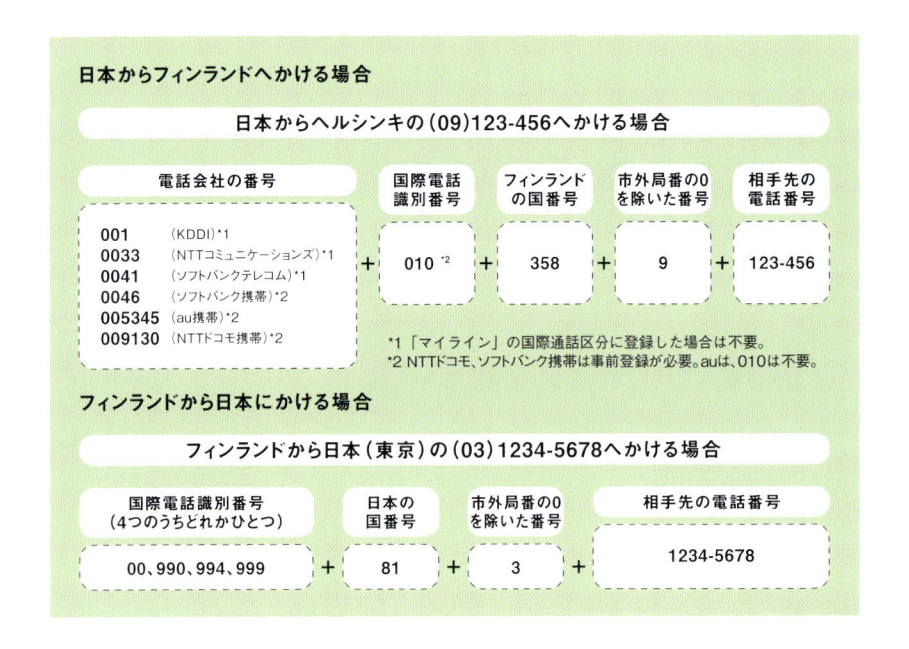

日本からフィンランドへかける場合

日本からヘルシンキの(09)123-456へかける場合

電話会社の番号	国際電話識別番号	フィンランドの国番号	市外局番の0を除いた番号	相手先の電話番号
001　　(KDDI)*1 0033　(NTTコミュニケーションズ)*1 0041　(ソフトバンクテレコム)*1 0046　(ソフトバンク携帯)*2 005345 (au携帯)*2 009130 (NTTドコモ携帯)*2	+ 010 *2	+ 358	+ 9	+ 123-456

*1 「マイライン」の国際通話区分に登録した場合は不要。
*2 NTTドコモ、ソフトバンク携帯は事前登録が必要。auは、010は不要。

フィンランドから日本にかける場合

フィンランドから日本(東京)の(03)1234-5678へかける場合

国際電話識別番号 (4つのうちどれかひとつ)	日本の国番号	市外局番の0を除いた番号	相手先の電話番号
00、990、994、999	+ 81	+ 3	+ 1234-5678

おかね

通貨はユーロ（略称は€、EURO、EUR）。補助硬貨として、CENT（セント）がある。紙幣は€5、10、20、50、100、200、500。コインは、1、2、5、10、20、50CENTと、€1、2。硬貨の片面にはユーロ加盟国共通のデザインが、もう一方は各国ごとに違ったデザインが描かれている。両替は、銀行や空港、フェリーやバスのターミナル、駅や両替所などで。＊€1－100CENT＝159.85円（2007年4月現在）

チップ

料金にはサービス料が含まれている場合がほとんどなので、チップの習慣がない。クロークで、コートやジャケットなどを預ける場合のクローク利用料は、€1程度。

税金

ほとんどの物品には8％または22％の付加価値税（VAT）が課せられる。EU加盟国以外の居住者がグローバル・リファウンドの加盟店で購入した場合、約12％、最大16％が還付される。「TAX FREE」の表示のある店で€40以上の買い物をしたら、旅行者である旨を申し出て、書類（リファウンド・チェック）を作成してもらおう（パスポートが必要）。＊詳細はグローバル・リファウンド・ジャパンWeb参照　www.globalrefund.com/

郵便

黄色に青いマルが描かれたポストが、街中でよく目立つ。郵便局はPosti（ポスティ）と呼ばれている。日本へエアメールを出す場合は、ハガキや20gまでの封書は€0.70、50gまでの封書は€1.4の料金がかかる。切手は郵便局の他、キオスクやホテルのレセプションで購入することもできる。

交 通 情 報

トラム

市内観光にピッタリのトラム。チケットは運転手から買うことができる。刻印された時間より1時間有効のシングルチケット Kertalippu と、1日券、3日券、5日券というように、期間内全線有効のツーリストチケット Matkailij alippu がある。3日、5日用のものは、自動発券機で購入しよう。地下鉄やバス、トラムなどでの利用が可能。また、トラム専用のシングルチケット Straßenbahnfahr karte は、料金が少々安く設定されているのでおトク。

トラム路線図

Finland　136

市バス

市バスでは、停留所の名前も車内アナウンスもないので、地図をチェックしながら目的地を確認しておくのがいいだろう。降りる場所がどこなのか自信がない人は、運転手に告げておくと教えてくれる。ブルーとホワイトのボディが目印。

地下鉄

ヘルシンキには、1路線だけ、地下鉄が走っている。乗車するときには、改札口手前の自動発券機でチケットを購入しよう。大きなショッピングセンターになっている駅、Itäkeskus（イタケスクス）は、買い物に便利だ。

ヘルシンキについたら

Bus

空港から市街へ

便利なのはフィンエアー・バス。約20分間隔で運行しており、料金は5.2€。

市街地から約20km離れたヴァンター空港と市街をダイレクトに結ぶのがフィンエアー・バス。所要時間は約30分。そのほかは市バス615番、本数は少ないが415、451番でもいける。タクシーはメーター制。

Train

鉄道でついたら

中央駅には観光案内所はもちろん、地下商店街が充実しているので先に寄ってみるのもいいだろう。

すべての列車はヘルシンキ中央駅に到着する。中央駅についたらまずチェックしてほしいのが駅舎の建築。チューリップモチーフで知られる、エーロ・サーリネンの父、エリエル・サーリネンが設計したことで有名。

Ship

船でついたら

船着場から市街まではそれほど遠くないので、面倒だったらタクシー利用が便利

ヴァイキングラインで到着したらカタヤノッカ・ターミナルに到着、シリヤラインの場合はその対岸のオリンピア・ターミナルに到着する。それぞれ近くにトラムの駅があるから、市街まで比較的簡単にアクセスできる。

ヘルシンキの
達人になれるカード
↓

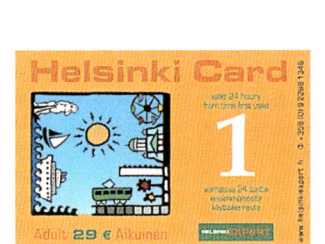

ヘルシンキを効率よく観光したい人には、「ヘルシンキカード」が大活躍。
市内のトラム・バス・メトロ、そして近郊列車が何度でも乗り降り自由、
世界遺産でもあるスオメンリンナ要塞へのフェリー運賃も無料になる。
さらに、市内の主要スポットをめぐるオーディオバスツアーへの無料参加、
ミュージアムの入館料無料など、これ1枚でさまざまな特典がある。
カードは滞在時間にあわせて選べる3タイプ。24時間券は€29（子ども€11）、
36時間券は€42（子ども€14）、48時間券は€53（子ども€17）だ。
使用前には、カードの裏面に、カードの使用開始日と時間、名前を必ず記入。
これが記入されていないと無効とみなされ、
ペナルティ料金（€66）を支払わなければならない場合もあるので要注意！
カードは、記入された時間からそれぞれ定められた時間内で有効。
ヘルシンキ市観光案内所のカウンターなどで購入することができる。

Finland

Shopping

見るだけでも見てみたい。
でも見るだけではつまらない。
そんな欲張りな願いが叶う。
フィンランドのデザイングッズを現地調達。

Helsinki

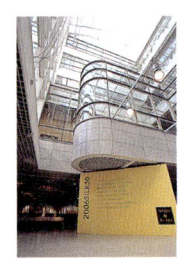

Design Forum Finland
デザイン・フォーラム・フィンランド

フィンランドの最先端
デザイングッズが一堂にそろう

上）ショップには若手デザイナーの商品などがいち早く並ぶ。下）最先端のデザインは、工業デザイン組合直営店ならでは

フィンランドの工業デザイン組合とグラフィック・デザイン組合が主催する、フィンランド・デザイン振興協会がこの「デザイン・フォーラム フィンランド」だ。国内外でデザインコンペを開催したり、その活動はなんと1870年代からら。そんな由緒正しい協会の直営店だから、歴史的逸品から最先端の若手デザイナーの作品までほかでは買えないものもここでに勢揃い。デザイン・フォーラム内には独自の展示スペースがあり、ほとんどの場合、入場無料。カフェも併設している。

data
住所：Erottajankatu 7
00130 Helsinki
Tel：+358-(0)-9-6220-8130
営業時間：10:00～19:00
（土）18:00（日）12:00～16:00
休業日：なし
www.designforum.fi
MAP：P.215 C-3

Finland 140

Helsinki

Aero
アエロ

幻の逸品が見つかる。
かの巨匠作品もリバイバルした名店

1900年代に一世を風靡した「ゼールチェア」や「バブルチェア」など、エーロ・アールニオの作品が並ぶ店内には、国内外のデザインの伝説の逸品が並んでいる。北欧ミッドセンチュリーモダンを中心にした品揃えに加えて、ヨーロッパ各地からフィンランド屈指のバイヤーがそのセンスを元に買い付けている。イルマリ・タピオヴァーラの遺産として親族に残された作品の生産権を買い取ったアエロは独自の生産ラインを抱え、全世界にタピオヴァラ・デザインを送り出している。

エールーネの作品製造権は現在ドイツのアデルタ社に移っている。アエロはフィンランドにおける公式販売店

Aero

住所：Yrjönkatu8
00120 Helsinki
Tel：+358-10-9-680-2185
営業時間：10.00 - 18.00
日 11.00 - 16.00
定休日：日曜日
MAP：P.219 C-3

141 Scandinavian traveler's guide

上）フィンランド・デザインの粋が詰まった店内のセレクトは小物から家具まで必見。下）2005年の記念色スツール

data

住所：Eteläesplanadi 18
00130 Helsinki
Tel：+358-0-9-6132-5277
営業時間
10:00～19:00（土～16:00）
定休日：日曜日
www.artek.fi
MAP：P.218 D-2

artek

アルテック

フィンランドの国民的デザイン。
アアルトがプロデュースした老舗

北欧デザイン・ファンにはお馴染みのアルヴァ・アアルトが妻のアイノとともに、マイレア邸の女主人の援助を受けて創設した「アルテック」。アルテックは2005年に創設70周年を迎え、初期の商品をリバイバルさせるなどの記念商品を打ち出している。特に70年間で150万脚以上売り上げたお馴染みのアアルト・スツールはポップな記念カラーが販売された。イヴァナ・ヘルシンキのデザイナー、パオラ・スホネンとのコラボレーションなど新作も多数。

Finland 142

marimekko
マリメッコ

日本では買えない
マリメッコグッズを探そう

　1951年創業の老舗。1960年代にアメリカ大統領夫人、ジャクリーン・ケネディに愛されたことで世界中にその名を馳せた。伝統的なデザインから新進気鋭の若手デザイナーの作品まで、色調の美しさとポップなデザインで多くのファンを魅了している。

data
住所：Pohjoisesplanadi 31　00100 Helsinki
Tel：+358-(0)9-686-0240
営業時間：10:00〜20:00（土〜17:00）
定休日：日曜日
www.marimekko.com
MAP：P.218 D-2

Johanna Gullichsen
ヨハンナ・グリクセン

良質なファブリックでつくる
インテリア雑貨が人気

　デザイナーのヨハンナ・グリクセンは、アルテック社設立者の一人であるマイレア・グリクセンの孫娘だ。芸術一家の末娘でインテリアのテキスタイル・デザイナー。1997年よりパリにも進出している。しっかりした生地はエレガントかつ実用的。

data
住所：Pursimiehenkatu 18　00120 Helsinki
Tel：+358-(0)9-637-917
営業時間：11:00〜18:00（土〜15:00）
定休日：月・日曜日
www.johannagullichsen.com
MAP：P.219 C-3

Ivana Helsinki
イヴァナ・ヘルシンキ

日本でも大ヒット中の
アパレルブランド

　1998年にデザイナー、パオラ・スホネンがはじめたブランドはフィンランドの伝統とスラブ民族の手工芸が基調。デザイン、生産、宣伝、販売とすべて一貫している徹底ぶり。フィンランド・ファッションの元祖。製品の85％を日本で売っているという。

data　住所：Uudenmaankatu 15　00120 Helsinki
　　　　Tel：+358-(0) 9-622-4422
　　　　営業時間：11:00～19:00（土～16:00）
　　　　定休日：日曜日
　　　　www.ivanahelsinki.com
　　　　MAP：P.219 C-3

Liike
リーケ

ヘルシンキファッションの
登竜門的ショップ

　ここ数年、ヘルシンキでは若手デザイナーのグループによる直営店が急増しているが、その火付け役となったのがこの「リーケ」だ。実は「イヴァナ・ヘルシンキ」もここが発祥の地。ヘルシンキのファッション・ブランドの登竜門的な存在だ。

data　住所：Yrjönkatu 25　00100 Helsinki
　　　　Tel：+358-(0) 9-646-265
　　　　営業時間：11:00～18:00（土～16:00）
　　　　定休日：日曜日
　　　　www.liikeshop.com
　　　　MAP：P.219 C-2

Finland

NANSO
ナンソ

着心地のいい服が並ぶ
創業85年を迎えた老舗

　2006年に創業85年を迎えた「ナンソ」は、元は下着やパジャマ専門の会社だったとか。ここ数年は「イヴァナ・ヘルシンキ」のデザイナー、パオラ・スホネンをチーフ・デザイナーに起用した商品が人気。下着に最適な伸縮素材を使った服は着心地抜群。

data
住所：Mikonkatu 2　00100 Helsinki
Tel：+358-(0)20-125-8590
営業時間：10:00～18:00（土～15:00）
定休日：日曜日
www.nanso.com
MAP：P.218 D-2

Lux
ラックス

ヘルシンキで一番エネルギッシュで
クリエイティブな若手集団

　ヘルシンキでいま最もエネルギッシュな一角に、若いクリエイター集団が共同で店を構えた「ラックス」。国内外のファッションデザイナー、グラフィックデザイナーやコミック作家など、総勢20名近いクリエイターたちが競演、コラボレーションを繰り広げている。

data
住所：Uudenmaankatu 26、00120 Helsinki
Tel：+358-(0)9-678-538
営業時間：12:00～18:00
定休日：日曜日
www.lux-shop.fi
MAP：P.219 C-3

Helsinki

airport shop
買い忘れた
お土産は空港で!

フィンランドの空の玄関口、
ヘルシンキ・ヴァンター国際空港は
嬉しいことにエアポートショップが充実!
帰国直前まで買い物を楽しもう。

　北欧の空港は、デンマークのカストラップ国際空港をはじめデザイン的にも見所がたくさんある。ヘルシンキのヴァンター国際空港はモダンだけではなくて、こぢんまりとしたスケール感と木の温かみがたまらない。加えて買い物好きにたまらないのはエアポートショップの充実ぶり。もちろんカストラップ国際空港のほうが規模も大きいし、店舗の数も比較にはならないだろう。しかし、ヴァンター国際空港にはマリメッコやストックマン、デザインショップなどデザイン好きにとって嬉しいショップが充実しているのだ。これなら観光に忙しくて買い物をする時間がなかったとしても、最後に期待することができる。買い物に満足をしたらアアルトの椅子やアールニオのボールチェアなどに腰掛けて最後の思い出づくりをしよう。北欧の地を離れる最後の最後まで、我々を楽しませてくれるに違いない。

1) モダンなデザインのヴァンター空港。2・3)「マリメッコ」や、デザイン雑貨を多数扱う「デザインショップ」、さらにヘルシンキ最大のデパート「ストックマン」まであるから買い物には事欠かないだろう。4) カフェにはアアルトの椅子が。子どものプレイルームもアアルトの子ども家具でコーディネート。5) アールニオの名作に腰掛けて、最後の思い出をつくろう

Finland　146

Cafe &
Restaurant

Helsinki

フィンランド・デザインの粋を尽くした空間で
是非とも食べてみたいヘルシンキでの食事。
地元の料理から名物トナカイ料理、
オリエンタルな美食までまとめて紹介!

Ravintola Savoy
サヴォイ

上）バルコニー席にはガラスと屋根が付き、一年を通じて利用できる。下）モダンなフィンランド料理とフランス料理を組み合わせた料理

アアルトデザインで知られる名店。
料理はヘルシンキ最高峰

1937年創業の「サヴォイ」は、歴代の政治家や文化人に愛された老舗。フィンランドの英雄、マンネルヘイムが通い詰めた席は、いまでもマンネルヘイム席として残されている。自身も常連客であったアアルトが手掛けた内装は国立美術局の文化遺産リストにも載っており、改装などでデザインを変えることは禁止されている。このレストランのためにデザインされた家具の数々をはじめ、お馴染みのガラスの花瓶は世界最大のものなのだとか。アアルトの粋を極めたレストランで時代を超えた魅力を堪能したい。予算は昼食約€60、夕食は€100から。

data

住所：Etelaesplanadi 14 8F
00130 Helsinki
Tel：+358 (0)9 684 4020
営業時間：11:30～14:30、
17:00～24:00
定休日：土・日曜日
www.royalravintolat.com/savoy
MAP：P.218 D-2

Sasso
サッソ

モダンな北イタリアの料理を
北欧風イタリアンな空間で

　料理のコンセプトはいまの北イタリアで旬な都会の料理。インテリアはイタリアの大理石やトスカーナ・カーテンをバランスよく使い、全体の色調は金のオリーブをイメージしたものだとか。照明などは北欧のものも使っており、まさに北欧風イタリアンの世界。

data　住所：Pohjoisesplanadi 17 00170 Helsinki
Tel：+358-(0)9-1345-6240
営業時間：11:30～24:00（土 13:00～）
定休日：日曜日
http://www.palacekamp.fi/etusivu.asp?rest=sasso&lang=fi
MAP：P.218 D-2

Mecca
メッカ

こだわりの音楽とともに
オリエンタルな料理を堪能

　国産の新鮮な材料を使ったメニューは、オリエンタルな料理を元にしたモダンな創作料理。内装はフィンランドのカリスマ的インテリアデザイナー、ヴェルッティ・キヴィが手掛けた。音楽は契約しているDJが毎月世界各国から集めた音楽を選曲している。

data　住所：Korkeavuorenkatu 34 00130 Helsinki
Tel：+358-(0)9-1345-6200
営業時間：16:00～24:00（水・木～2:00、金・土～4:00）
定休日：日曜日
www.mecca.fi
MAP：P.218 D-2

KAHVILA SUOMI

カハヴィラ・スオミ

上）メニューは日替わりで6品程度。下）映画とは内装や家具が若干異なるが、雰囲気はまさに「かもめ食堂」の世界

映画の舞台にもなった食堂は
家庭的な雰囲気が嬉しい

映画『かもめ食堂』の舞台となったのが、ここ「カハヴィラ・スオミ」だ。造船所のほど近く、古い建物が多いのでいまでこそヘルシンキの中心部、デザイン・オフィスや建築事務所も多く、少し高級な地域となっているが、もともとは海の男が闊歩する街。フィンランドの家庭のどこにでもありそうなシンプルなインテリアは遠く海を渡ってくる人々に、そして我々が日本から訪ねてもその温もりが心地よいと請け合いだ。料理は家庭的で、大きめのステーキやら小魚のフライ、たっぷりの野菜にたっぷりの量で出してくれる。値段が手頃なのも魅力!!

data

住所 : Pursimiehenkatu 12
00150 Helsinki
Tel : +358-(0)-9-657-422
営業時間 : 9:00 - 10:00
定休日 : 土・日曜日
MAP : P.219-C-4

Finland 150

LAPPI

ラッピ

フィンランドの国産トナカイの
約15％をこの店で消費！

上）山小屋のような店内。下）フィンランドでは肉料理に甘酸っぱいリンゴン・ベリーのソースをかけることが多い。ビールで煮たトナカイによく合う

ラップランド出身のオーナーが、故郷の親族に相談してはじめたレストラン。伝統の石づくりの暖炉や、立ち枯れたまま乾燥した最高級の木のみを使ったインテリアは、ラップランドの最高の贅沢のむかし。現在でもラップランドに住む親族、近所の人々が店でベリーを摘み、知り合いのトナカイ牧場や漁師から新鮮な素材を買い付けているのだそう。国産トナカイの15％をこのレストランで消費しているというのだから驚きだ。メニューにはここでしか味わえないような塩漬けトナカイの天日干しや、注文してからスモークする燻製魚の盛り合わせなどが並ぶ。

data

住所：Annankatu 22
00100 Helsinki
Tel：+358 (0)9 645 550
ランチ：11：00～14：30
ディナー：17：00〜22：30
土・日 17：00〜
定休日：なし
www.lappires.com
MAP：P.219 C-2

151　Scandinavian traveler's guide

Sea Horse

シー・ホース

左）パリパリと音がするほどにからりと揚がった小魚はレモン汁をかけて。下）地元の客で賑わい、古き良き時代の雰囲気満点

海の男たちが愛した味と大満足の量。
港町ヘルシンキの雰囲気を味わいたい

創業は1935年だが、時代の流れの中で何度も憂き目に遭ってきた。10年ほど前に少し堕落した酒場と化していたのを買い取ったのが今のオーナー。5年前から古き良き時代の姿に戻そうと'50年代に撮られた写真から当時の家具を再現し、'70年代に描かれたタツノオトシゴの壁画は修復して国立美術局の文化遺産に指定された。伝統的家庭料理は新鮮な材料にたっぷりのボリューム。ミシュランのレストランのチーフ・シェフが通い詰めていたり、ニューヨーク・タイムズの世界で最もおいしい10皿に認定されたりと、その味は数々のプロのお墨付き。

data

住所　Kapteeninkatu 11
00140 Helsinki
Tel：+358-0-9-628-169
営業時間：10:30 - 24:00
定休日：なし
www.seahorse.fi
MAP：P.218 D-4

Finland　152

TORI
トリ

街角の小さな広場に面した
ちょっと粋なレストラン

　アットホームな雰囲気だがシンプルなベンチや椅子、温かい色調の壁や照明などさりげない演出が粋だ。小さな店だが夏場は広場いっぱいにテラスが出て賑わう。一番人気はミートボール。ブランデーベースのソースとリンゴン・ベリーのソースが絶品。

data
住所：Punavuorenkatu 2　00120 Helsinki
Tel：+358-(0)9-6874-3790
営業時間：10:00～1:00（土）12:00～、（日）14:00～
定休日：なし
www.fredinton.com
MAP：P.219 C-3

Slussen
スラッセン

アンティークを使った店内は
古き良きノブオリ地区を再現

　2006年に開店したばかりの「スラッセン」は時計やら看板やらその時代のアンティークというこだわりよう。オーナーも料理長も30歳という若さで最高のサービスとおいしい料理が早くも地元の間では評判に。店の名前はストックホルムの地域からとった。

data
住所：Punavuorenkatu 3　00120 Helsinki
Tel：+358-(0)9-659-380
営業時間：11:00～24:00（土・日）12:00～
定休日：なし
MAP：P.219 C-3

Helsinki night life
ヘルシンキの終わらない夜

　ひどく泥酔した人や、見るからにガラの悪い人には近づかない、貴重品からは目を離さないというのは日本でも同じだろう。そういった基本的なことに気をつけていればヘルシンキの街は安全だ。むしろ、のんびりとした感じさえもある。気の置けない友人たちと酒を酌み交わし、談笑する。週末になればヘルシンキの街の至るところにあるバーやレストランで見られる日常のひとコマだ。治安のいいヘルシンキだから、地元の人たちに混じってヘルシンキのナイト・ライフを堪能していただきたい。

Kuudesl inja
クーデス・リンヤ

data
住所：Hämeentie 13　B 00530 Helsinki
入り口は中庭から（Kaikukatu 3）＊Tel なし
営業時間：21:00～3:00
（金・土22:00～4:00、日20:00～3:00）
定休日：月曜日
www.kuudeslinja.com　　MAP：綴じ込み C-1

　学生や芸術家などが多く住み、少しアンダーグラウンドでボヘミアンな雰囲気の地域にある音楽クラブ。毎晩のように国内外のインディーズのバンドのライブが行われている。1970年代を意識した内装はレトロな雰囲気。客はカジュアルな地元の人が多い。音楽が好きな方におすすめだ。

Ravintola Teatteri
ラヴィントラ・テアッテリ

data
住所：Pohjoisesplanadi 2　00130 Helsinki
Tel：+358-（0）9-6811-1310
営業時間：平日9:00～1:00
（水・金～4:00、土11:00～4:00）
＊最上階のクラブは22:00～4:00（火～土）
定休日：日曜日
www.ravintolateatteri.com　　MAP：P.219 C-2

　エスプラナーディ通りの公園にあるレストラン。公園側のテラスに1階のカフェ、バー、ダイニングレストラン、時計バーという名のバーに最上階にはクラブもある。昼はカジュアルなランチ、夜はヒップな雰囲気のバーがおすすめ。夜はビーチサンダルなどカジュアル過ぎる格好は控えよう。

HighLight

Helsinki

森や湖に囲まれ、自然の豊かなフィンランドは
あのアルヴァ・アアルトが生まれ育った国だ。
教会建築やスオメンリンナ島など自然を感じる見所も多数。
イッタラやマリメッコなどプロダクトにも注目したい。

森と湖の国のもうひとつの風景
フィンランドの教会建築めぐり

ヨーロッパの中世から残る教会とは趣を異にするフィンランドの教会建築。特に贅沢な素材を使っているわけでも、凝った意匠が施されているわけでもない。光と影だけでつくり出された荘厳な雰囲気、静謐な空間を堪能したい。

Temppeliaukio Church

テンペリアウキオ教会
設計：ティモ&トゥオモ・スオマライネン

岩盤を掘り抜いた
ドーム状に広がる壮観なる景色

Finnish church architecture

採掘石を積み上げた岩壁の高さは5〜9m。ぐるりと岩に囲まれているせいか、都心部にも関わらず静寂な空間

data
住所：Lutherinkatu 3 Helsinki
Tel：+358-(0)9 494 698
見学時間：10:00〜17:00
（木・金〜20:00、土〜18:00
日 11:45〜13:45、15:30〜18:00）
MAP：P.219 A-1

岩を積み上げた小さな入り口からは、中の壮大な空間は想像し難い。1961年に設計され、1969年に竣工

フィンランドの地形は氷河期に形づくられたものなのだとか。地震もなければ地形の変化もほとんどない。地面に転がるむき出しの大きな岩が、もう何千年も前からそこにあったものかもしれないと思うとロマンチックだ。そんなフィンランドの岩盤をそのまま利用したのが、テンペリアウキオ教会だ。閑静な住宅地の真ん中に突然現れる円盤状の建物の外観は、何やら不思議な光景。地面から突き出した大きな岩を掘り抜いて、円盤状の丸い屋根をかけてできたのがこの教会なのだ。花崗岩の粒子がキラキラと光り、金色の真鍮の丸い屋根に光が反射する空間は何千年という悠久の時の流れと宇宙の神秘などを思わずにいられない。

Finland 156

天井に見えるのは架構。
長椅子の素材にはフィ
ンランドバーチ（白樺）
が使われている

Helsinki

Myyrmaki Church

ミュールマキ教会
設計：ユハ・レイヴィスカ

自然光と浮遊する照明
ふたつの光が創造する聖なる空間

data

住所：Uomatie 1 Vantaa Helsinki
Tel：+ 358-(0)9-8306 440
交通：ヴァンター国際空港バス8番乗り場から
51番のバスに乗りLounela下車すぐ

Finnish church architecture

ヘルシンキ郊外にあるミュールマキ教会は、アアルトが設計したスリークロス教会とともにフィンランドで最も光の美しい教会と称されている。教会内に垂れ下がる無数の照明には灯りがともり、さまざまな高低差をもつそれらの照明はアトランダムに並んでいるように見えながら、実は美の法則というものがあって、それに従って規則正しく並んでいるかのようである。日照時間の少ないフィンランドの人々にとって太陽、つまり光は最も尊いもの。美しい照明は太陽と匹敵するくらいの意味をもつ。特に宗教的な空間には光の力は欠かせないものだ。ユハ・レイヴァスカは浮遊する照明をデザインし、さらに白然光を用いてこの神秘的な空間を設計した。36音栓の組み合わせで無限の音色を奏でることができる、壮大なパイプオルガンも必見だ。

Finland 158

Otaniemi Chapel

オタニエミ礼拝堂
設計：カイヤ＆ヘイッキ・シレン

暗い室内の先に
まばゆく光る十字架

　学生住宅の間を歩き、さらに林を抜けると、そこにオタニエミの礼拝堂がある。暗い林から建物に入って行くと、礼拝室の天井の高い空間が目の前に広がっている。天井の木造の構造体は深い森の木々を思わせる。教会の心臓となる真っ白な十字架が、実は窓の外に立てられている。夏の日は緑に包まれ、冬の日には雪の中に溶け込むような十字架を礼拝室の窓から眺める。

data　住所：Jamerantaival 8 FI-02150 Espoo
Tel：+358-(0)-9-468-2180
見学時間：9〜5月は9:00〜19:00
　金・土・日〜15:00
6〜8月は12:00〜17:00（夏季は土・日曜休）
www.espoonseurakunnat.fi
※場所はH.Pを確認

Helsinki

Vouksenniska Church

ヴォクセンニスカ教会
設計：アルヴァ・アアルト

トップライトの光の先には
三つの十字架がそびえている

　ヘルシンキからイマトラまで約270km。ゆるやかな丘陵地を車で上っていくと、森の中にひっそりと佇む白い教会が現れる。それがヴォクセンニスカ教会だ。設計はアルヴァ・アアルト。依頼するとき、市は著名建築家に依頼する予算を心配したが、アアルトは払えるだけでいいと言ったのだとか。三つの十字架があることから別名スリークロス教会とも呼ばれている。

data　住所：Ryysyhnteva 27 Imatra
Tel：+358-0-5-473-1236
見学時間：10:00〜15:00
9.1〜5.31：9:00〜20:00（6.1〜8.31）
※場所は要問いあわせ

フィンランド建築の父、
アルヴァ・アアルトをめぐる旅

生涯に300以上の建築を残したアアルト。
フィンランドにはその建築のほとんどが点在する。
アアルトをめぐる旅もフィンランドの楽しみ方のひとつ。

Helsinki University of Technology
ヘルシンキ工科大学

ヘルシンキ近郊、オタニエミにあるヘルシンキ工科大学は一般にも開放されているので見学しやすい。特に古代ローマのコロシアムのような外観のメインビルディングは圧巻だ。中の大教室は放射線状にデザインされ、いかにもアアルトといった感がある。他にも赤レンガづくりの建築学科の建物も有名。1969年に公開コンペで獲得した作品である。

data　住所：Otakaari 1 X（Otaniemi, Espoo）
　　　Tel：+ 358-(0)9-451-5494
　　　見学時間（本館）：9〜5月は7:45〜20:00（月〜木）
　　　7:45〜18:00（金）6〜8月は8:00〜16:00（月〜金）
　　　見学料：無料
　　　www.tkk.fi　MAP：P.218 D-2

Alvar Aalto

Paimio Sanatorium
パイミオサナトリウム

1928年にコンペで優勝して設計。アアルトの名を一躍有名にした出世作だ。設計当時は結核患者用のサナトリウムだったが、現在は一般の病院として使用。それに合わせて内装も変更されたが、一室だけ当時のままの病室が残されている。

data　見学：要予約、ガイド付見学ツアー
　　　（6〜8月は毎日）
　　　問い合わせ先：Ms Helena Kaartinen
　　　Tel：+358-(0)2-474-5440
　　　出発時間：10:00と14:00
　　　見学料：EIM20

Finland　160

Helsinki

Akateeminen Book store

アカデミア書店

ヘルシンキの中心部に位置するアカデミア書店は1969年の開計。3階吹きれ抜けに柱っており、2階と3階は吹き抜けの周囲に書架が設けられている。書店の２階のカフェは、その名もカフェ・アアルト。建設当初の内装がそのままに今も使われている。照明も椅子も机もドアの取っ手もすべてがアアルト・デザインだ。

data 住所：Pohjoisesplanadi 39 Helsinki
Tel：+358-(0)9-121-41
営業時間：9:00～21:00（土～18:00）
＊6～8月は日曜日も営業（12:00～18:00）
定休日：日曜日（6～8月を除く）
www.akateeminen.com MAP：P.219 C-2

161 Scandinavian traveler's guide

Villa Mairea
マイレア邸

ヘルシンキから300km以上離れたポリという地方都市の郊外の森の中に優雅に佇むマイレア邸。建主のマイレア・グリクセンは、アルテック社創設者の一人であり、スカンジナビアでも有数の実業家の娘だった。1930年代に知人を介してアアルトと知り合って以来、友情を深めながら信頼関係を築いた人物だ。自邸の設計を依頼したのは1937年、アアルトの自邸を見たことがきっかけである。

data

住所：Noormarkku Finrandl
見学料：大人5名までFIM300、
6名以上は1人FIM60追加
学生5名までFIM200、
6名以上1人FIM40追加
Tel：＋358-(0)2-6255-460
Fax：＋358-(0)2-6255-462
問い合わせ先：Ms,Anna Hal
＊最低1週間前までに要予約

Aalto's House
アアルト自邸

緑豊かな住宅街の一角にあるアアルト邸。当初はこの自宅を事務所兼用にしていたのだとか。蔵書も自作の油絵もすべての家具がそのままになっている。広過ぎず、狭過ぎず、ちょうどよいスケール感と当時流行だった引き戸など日本風のインテリアがちょうどよく配置されて、何とも居心地のいい空間だ。

data

住所：Riihitie 20
Tel：+358-(0)9-481-350
(1回のガイドツアーにつき定員20名なので予約が好ましい)
開館時間：10〜4月は14:00
〜18:00（火〜日）
5〜9月は13:00〜18:00
（火〜日）
1時間おきに行われるガイドツアーに参加する方式
休館日：月曜日
拝観料：15€、学生5€
www.alvaraalto.fi/indexe.htm

Alvar Aalto

Study!

アルヴァ・アアルトについて
もっと知りたい！

Alvar Aalto

アルヴァ・アアルト（1898～1976）／フィンランド

1898年	フィンランド・クオルタネに生まれる
1916年	ヘルシンキ工業専門学校で建築を学ぶ
1923年	建築事務所を開設
1928年	「パイミオサナトリウム」の建築と家具を設計
1932年	「アアルトスツール」発表
1935年	家具会社アルテックを設立 ※自立する木製フレーム椅子で特許取得
1936年	パリ万博でフィンランド館設計 妻のアイノと共に「アアルトベース」をイッタラ社より発表
1940年	ニューヨーク近代美術館で個展 パリ万博で「ティートロリー」発表
1946年	マサチューセッツ工科大学の教授に就任
1959年	「フロアランプ A810」発表
1969年	「ロヴァニエミ図書館」設計
1976年	死去

数々の建築作品にはじまり、家具、照明、生活雑貨までアアルトのデザインの領域は広範囲にわたっている。しかしここまでなら同時代の建築家は誰もが行っていたこと。アアルトの優れている点は自らがデザインした家具を製造し、流通するシステム、アルテック社までを創造したことだろう。また、彼のアイデアを実現させるために尽力した優れた家具職人、オットー・コルホーネンの存在も忘れてはならない。フィンランドではありふれた素材であるバーチを、あたかも鉄のように自在に曲げてつくりだす類い希な造形美は、アアルトとともにコルホーネンの偉業でもあるのだ。優れたデザイナーにはよき協力者がつきものなのだ。

Helsinki

163　Scandinavian traveler's guide

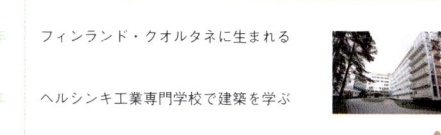

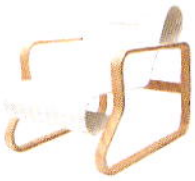

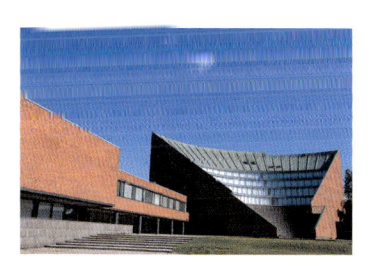

船でたったの15分！
洋上に浮かぶ世界遺産スオメンリンナ

ユネスコの世界遺産に登録されたスオメンリンナ要塞。
異国情緒漂う歴史的街並みに、迷路のようなトンネル。
童心に帰って探検してみたい。

How to ride
船に乗るまで

ちょっとしたクルージング気分が味わえる。所要時間約15分。ヘルシンキの海側からの眺めは格別

チケットは乗船前に購入。スオメンリンナ行きの船は水上バス扱いなので、市バスやトラムの1時間券や1日券も有効

SUOMENLINNA

フィンランドはその昔、スウェーデンに統治されていたのをご存知だろうか。19世紀の初頭、フィンランドがスウェーデンからロシアの手に渡り、その後100年以上もロシアの統治が続いた。ロシア統治時代に、レニングラード（現在のサンクト・ペテルブルグ）に近いヘルシンキに首都を移した。その沖合の海運、軍事の重要拠点が現在のスオメンリンナなのだ。

スオメンリンナとはフィンランドの城または要塞の意味。スウェーデン時代の王様の建物からロシア軍の残した軍事要塞と街並み、そこにはフィンランドの歴史が詰っている。ヘルシンキ中心部よりもずっと古い街並みや景観。トンネルなどの重厚な石づくりの軍事施設は芝などの草で隠してあるが、何となくユーモラスな光景だ。そんなまったくの別世界のような景色を見せてくれるのが、スオメンリンナ要塞なのだ。

Finland 164

フィンランドで唯一の
バロック様式の建造物。
スウェーデン時代の王
様のための船着場

Helsinki

夏休みには子どもたち
のためのトンネル探検
ツアーがいくつも行わ
れている

SUOMENLINNA MAP

1) スオメンリンナ要塞は4つの島が連なってできている。島から島への橋を渡るとその入り組んだ海岸線と遠くの景色が一望できる。2) 飛行機と船のための灯台を兼ねているルーテル派の教会は、現在は結婚式に人気。1854年に建設。現在の形は1920年頃。3) スオメンリンナ博物館として資料映像を見ることもできる。現地のガイド・ツアーもここからはじまる。4) もともとはスウェーデン軍、そしてロシア軍の軍事要塞だったスオメンリンナ。当時のままの大砲が野外博物館として展示されている。5) 1750年に建設された船の修理のためのドックは迫力満点

4つの島が連なっているスオメンリンナは教会やカフェもある小さな街。地図を見ながら散策してみよう!

ヘルシンキの中心部からは市の水上バスで15分くらい。ヘルシンキっ子たちが夏に一度は必ず訪れる場所だ。食べ物を持ち込んでピクニックをしたり、海に飛び込んで海水浴をしたり、ハイキングがてらに島を歩くのもよいだろう。ヘルシンキ中心部とは違った街並みの風情は、地元の人たちにとっても少しエキゾチックな小旅行気分にさせてくれるのだ。

スオメンリンナの船着場の目の前には、自家醸造のビールを出すレストランがある。グスタフの剣という名の半島には要塞のトンネルを利用したレストランとその付属のピザ屋がある。いくつか点在するカノェはひと休みするのに最適だ。

ユネスコの世界遺産に登録されたスオメンリンナは、その歴史の古さだけではない。現在は皆が訪れて休日のひと時を楽しむ場所としても人気のスポットなのだ。

Finland 166

ヘルシンキ中央駅

カタヤノッカ

Helsinki

1 橋
2 教会

ビッグ・ムスタ島

ランシ・ムスタ島
イソ・ムスタ島

5
造船所

スシ島

3
ツーリスト
インフォメーション

4
野外の大砲博物館

グスタアの剣

島巡りフェリー
運行時間：6:00～深夜
運行回数：1時間に1～3便
所要時間：15分
料金：往復3.6€
そのほか、JT-Lineもあり。
*詳しくは www.suomenlinna.fi
MAP：P.218 E-2

フィンランドが誇る
国民的人気ブランドを知ろう。

Study!

data
アラビア・ファクトリーショップ
住所：Hämeentie 135
00560 Helsinki
Tel：+358-(0)204-39-3507
営業時間：10:00〜20:00
(土・日〜16:00)
定休日：なし
交通：トラム6番「Toukoniitty」
下車、徒歩約3分
www.arabia.fi

ittala
イッタラ

陶器、ガラス器、カトラリー…
北欧のビッグブランドが集結

世界的にも知名度の高いイッタラ社は、陶器のアラビアとロールストランド、カトラリーなどのキッチン用品が有名なハックマン、そしてガラスメーカーのイッタラというブランドネームを有している。下の写真は、ヘルシンキ市街にある古くから続くアラビアの工場だ。中に入ると、鉄とガラスを使ってモダンにリノベーションしたカフェとショールームに驚かされる。工場の内部は、ゆったりとしたクリーンな雰囲気。ここではほとんどのカップやソーサーが型抜きでつくられているが、最終的な仕上げはすべて人の手によるものだ。それは小さく面を均したり、取っ手の付け根を目立たせないにする作業だったが、人の手のあとが残る製品というのは、それだけで温かみが違うような気がする。ライフスタイルブランドとして、ビッグネームを有していても、素朴なぬくもりを残している。

左) 工場内部。ゆっくりと流れてくるカップを濡れた布でぬぐい、表面を均していく。右) 由緒ある工場外観。建物の中にはアラビア博物館やショールーム、図書室、カフェ、アウトレット品が購入できるファクトリーショップが併設されている。

ittala & marimekko

Finland 168

ガラス製品メーカー「イッタラ」と、テキスタイルブランド「マリメッコ」。
北欧を代表するこの2大ブランドの背景とはどのようなものなのか。
ヘルシンキ市街にある、工場を訪問した。

data
マリメッコ ファクトリーショップ
住所：Kirvesmiehenkatu 7, 00880 Helsinki
Tel：+358-(0)-9-758-7244
営業時間：10:00 - 17:00
(土 - 14:00)
定休日：日曜日
交通：メトロ「Herttoniemi」下車、
徒歩約15分
www.marimekko.com

marimekko
マリメッコ

北欧の自然をモチーフとした
大胆なパターンと色づかいが魅力

第二次大戦が終わった直後の1951年、重苦しい色彩がまだ街を覆っていたときに、マリメッコは突飛に思えるほど明るく抜けた色彩を展開した。その原動力となったのは、創始者、アルミ・ラティアの経営哲学に倣うこと。つまり、「デザインされた実用品」をつくることに業務をシフトしたのである。これが奏功し、年間20％の成長率を誇る優良企業に再生。売り上げの40％はフィンランド国内での需要というのも驚くべきことではないだろうか。

売却劇を経て現在の社主はキルシュナ・パカネン。彼女は80年代に赤字転落した業績を半年で一気に黒字に転換。その後、一気に黒字に転換。その原動力となったのは、抱えていたデザイナーはウニッコ柄でその名を馳せることになるマイヤ・イソラを基幹に数名がおり、大ぶりな柄と明るい色彩で一躍脚光を浴びる。輸出にも力を入れ、海外でも高い評価を受けるが、創設者の死後、指導者不在の会社は一気に不安定な状態に。その後、いくつかの

Helsinki

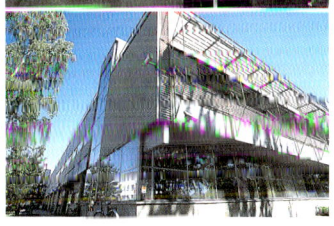

上）プリント工場。機械は整然とうなりを上げ、黙々とマリメッコの代表的なパターンをプリントしていく。下）工場外観。中には商品が並ぶショールームも併設。アウトレット品が購入できるファクトリー・ショップもおすすめ

169　Scandinavian traveler's guide

象徴的なシンボルから歴史的建造物まで…

ここも見逃せない！
ヘルシンキ観光スポット

Helsinki Cathedral (Tuomiokirkko)
ヘルシンキ大聖堂

ヘルシンキの代名詞的な建物

ヘルシンキの代名詞的な建物、大聖堂。C.L エンゲル設計で、完成したのは1852年。エンゲルは、古典的な方法で土台を四方同形のギリシア十字に設計し建堂を始めたが、彼の死後多くの点が変更され、現在の形となった。現在は、コンサート、大学の学位授与式や、議会開会のための礼拝などに使われている。

data
住所：Senate Square
Tel：+358-(0)9-709-2455
拝観時間：6～8月 9:00～24:00
9～5月 9:00～18:00（日 12:00～18:00）
休館日：なし
入場料：無料　MAP：P.218 D-1

Uspenski Cathedral (Uspenski Katedraali)
ウスペンスキー寺院

北欧最大のロシア正教の教会

1868年にロシア人建築家、ゴルノスタイッフが設計した北欧最大のロシア正教の教会。前世紀のスラブ・ビザンチン様式のレンガ教会を代表する建造物。聖壇は、ギリシア正教の伝統に従って東側にあり、天井の頂と聖壇の天井は星できらめく空を表すように蒼く色彩されている。内部は美しく装飾されていて必見。

data
住所：Kanavakatu1, 00160 Helsinki
Tel：+358-(0)9-634-267
拝観時間：9:00～16:00
土 9:30～14:00、日 12:00～15:00
※礼拝時は入場不可
休館日：10～4月の月曜日
入場料：無料　MAP：P.218 E-2

Market Square (Kauppatori)
マーケット広場

地元民の生活を肌で感じよう

生鮮食品や花、手工芸品などを売る露店が立ち並ぶ、港に面したマーケット広場。ヘルシンキ市民の生活を肌で感じられる、観光にもショッピングにも見逃せないスポットだ。大きな圧力釜で煮込んだサーモンスープを食べられる店や、ニシンなどの焼き魚を売る屋台もあるので簡単な食事にも最適。夏季にはサンデーマーケットも開催される。

data
開館時間：月～金 6:30～18:00（夏期は～16:00）
土 6:30～16:00
定休日：日曜
※5月上旬～9月下旬はサンデーマーケット開催
日 10:00～16:00　MAP：P.218 E-2

Museum of Contemporary Art Kiasma
(Nykytaiteen museo Kiasma)
国立現代美術館キアズマ

モダンな建物の現代美術館

1998年にオープンした国立現代美術館。モダンな外観の建物は、アメリカ人建築家スティーブン・ホールが設計。1950年代以降のフィンランド国内外の現代美術作品を展示しているほか、常に企画展を行っていて何度行っても楽しめる。

data
住所：Mannerheiminaukio 2
Tel：+358-(0)9-1733-6501
開館時間：10:00～20:30（火 10:00～17:00）
定休日：月・祝日
入場料：€8（ヘルシンキカードで入場可）
※金17:00～20:00は無料
http://www.kiasma.fi　MAP：P.219 C-1

Finland　170

Hotel

Helsinki

伝統と格式ある老舗ホテルから、
最新のデザインホテルまで。
ヘルシンキのホテルは、ライフスタイルと
好みのテイストに合わせて選びたい。

Grand Marina

グランド・マリーナ

レンガづくりの港湾施設をホテルに。
港町ヘルシンキならではの風格を

上）現代のモダンな建築には見られない半円形の窓が美しい。近隣の建物も古典主義の建物が多いので散策するのもおすすめだ

data

住所：Katajanokanlaituri 7
00160 Helsinki
Tel：+358-(0)9-16661
Fax：+358-(0)9-664-764
料金：€90〜（シングル）
　　　€105〜（ダブル）
客室数：全462室
www.scandic-hotels.fi/grandmarina
MAP：P.218 F-2

街の心臓部にほど近いこのホテルはもともとは港湾施設の倉庫だった建物を改装したもの。重厚なレンガづくりの建物は、1900年代初頭にフィンランドのナショナル・ロマンティシズムの巨匠と謳われたラース・ソンクの名作。歴史の面影はロビーや廊下に重厚なコンクリートの柱やレンガの壁、半円形の窓など、至るところで目にすることができる。順次改装が進められている客室は至ってシンプルだ。スイートルームは各室が2階建てで、サウナかジャグジー・バスが付いている。

Sokos Hotel Torni

ソコス・ホテル・トルニ

いつの時代も最高級のデザインを取り入れてきた老舗ホテル

ヘルシンキの都市計画規制は厳格だ。細かい規制はいろいろあるが、この「ホテル・トルニ」の塔よりも高い建物は建ててはいけないというのが前提だ。1931年創業の老舗ホテルは、建物の高さだけでなく、いち早く時代の流行を取り入れてヘルシンキの頂点に立ってきた。1950年にフィンランド初の中華料理店をオープンしたほか、歴代シェフはヘルシンキの最高峰の料理を提供してきた。建物は機能主義のタワー棟に、近年隣接するナショナル・ロマンティシズムの建物を増設している。

上）最上階のアトリエ・バーではヘルシンキの市街が、そして海に浮かぶ島々までが一望できる。宿泊客ならずとも訪れてみたい

data

住所：Yrjonkatu 26
00100 Helsinki
Tel：+358 (0)20-1234 604
Fax：+358 (0)9 4336-7100
料金：C102〜（シングル）
C112〜（ダブル）
客室数：全152室
www.sokoshotels.fi
MAP：P.219 C-2

Helsinki

Palace Hotel

パレス・ホテル

名作の家具、1950年代を代表する
デザインはリバイバルが期待される

上）マーケット広場を見下ろせる、海側の客室からの眺めは最高だ。下）客室は、2007年にオリジナルのレトロな雰囲気に改装される予定

data

住所：Eteläranta 10
00130 Helsinki
Tel：+358-(0)9-1345-6656
Fax：+358-(0)9-654-786
料金：€149〜（シングル）、
€179〜（ダブル）
客室数：全39室
www.palace.fi
MAP：P.218 D-3

オリンピックのために1952年創業。設計はヴィルヨ・レヴェル。当時59室、現在39室という小さなホテルのために特別にデザインされた家具は、アンティ・ヌルメスニエミのサウナの椅子をはじめデザイン史にその名を残している。残念ながら'80年代の改修でそのインテリアの多くが失われてしまったが、現在、創業当時の雰囲気に近づけようとする計画がある。すでに改修を終えたロビーは'50年代のレトロな雰囲気を漂わせながらもとてもセンスのいいつくりになっている。

174

Hotel Linna

ホテル・リンナ

静かな石の城で
都会の喧騒を忘れる

　1903年に建てられた石の城は当時、ヘルシンキ工科大学の学生組合の建物だった。大学が移転し、1980年代の財政難の際に売られた後、ホテルとして再生したのだ。2004年末に全面改装を終えたホテルは温かい色調に重厚な家具が並ぶ。都会の一角にありながらも静かな田舎の城を訪れているような気分にさせてくれる。

data
住所：Lönnrotinkatu 29 00180 Helsinki
Tel：+358-(0)10-3444-100
Fax：+358-(0)10-3444-101
料金：€84〜（シングル）、€162〜（ダブル）
客室数：全48室
www.palacekamp.fi
MAP：P.219 B-3

Klaus K

クラウス・コー

叙事詩カレワラがテーマの
ヘルシンキ初のデザインホテル

　世界各地にモダンなホテルを提供してきたデザイン・ホテルス・グループがヘルシンキに初登場。6つのレストラン・バー、ナイトクラブを備えたホテルのコンセプトはフィンランドの民族叙事詩カレワラ。遊び心を込めたカレワラの解釈はスウェーデンのインテリアデザイナー、スティルト・トランポリの手によるもの。

data
住所：Bulevardi 2 00120 Helsinki
Tel：+358-(0)20-770-4700
Fax：+358-(0)20-770-4730
料金：€100〜（シングル）、€100〜（ダブル）
客室数：全138室
www.klauskhotel.com
MAP：P.219 C-2

北欧プロダクト ブランド辞典 3

KOSTA BODA
コスタ ボダ
（1976年～）スウェーデン

スウェーデン王室御用達のグラスウェアメーカー。アーティストと職人を信頼で結びつけ、ガラス製作の伝統技師と大胆な革新との両方の世界に広げる役目を担っている。芸術品からテーブルウェアまでそろう

Quartet

louis poulsen
ルイスポールセン
（1874～）デンマーク

創業は1874年。1920年代半ばより、気鋭のデザイナーで建築家でもあったポール・ヘニングセンを招き、照明器具の開発を開始し、「PHランプ」で一躍有名になった。機能美を備えたデザインの照明によって空間の美しさを引き立てるライティングを提案している

PH5

stelton
ステルトン
（1960～）デンマーク

先進的なステンレス加工技術を誇るステンレス製品メーカー。1964年アルネ・ヤコブセンの義理の息子のペーター・ホルムブラッドが、新しいステンレス製品のデザインを根気強くヤコブセンに依頼しシリンダラインが承諾。開発を重ね1967年に製品が実現した

Stelton Coffe pot

LE KLINT
レ・クリント
（1943～）デンマーク

デンマークの著名な建築家P.V.イエンセン・クリントは、紙をプリーツ状に折ってつくるランプを考案。後に二人の息子によって現在のような形のランプシェードが開発された。現在も一枚の特殊プラスチックを手で折りあげるハンドメイド製作が行われている

Le Klint 153

ROSENDAHL
ローゼンダール
（1984～）デンマーク

デンマークの著名デザイナーとともに高いデザイン性と機能性を追求したインテリアプロダクトブランド。フォルムにあわせて陶器やガラス、ステンレス、木などを使ったアイテムはさまざま。各素材のもつ美しいかたちと質感を生かした精錬されたデザインが魅力的

ANDERSEN

176

Scandinavian traveler's guide
Oslo
オスロ

フィヨルドの奥深くに築かれた街、オスロ。
国土の約80％が森林、山、湖、川などの自然に恵まれており、
ノルウェーと聞けば、誰もがイメージするであろう
オーロラやフィヨルドといった大自然が目の前に広がる。
もちろん、こういった大自然も大きな魅力。
けれども昨今、オスロのカルチャーシーンに少しずつ変化が起き、
注目のデザインスポットが登場しはじめている。
誰よりも先に、ノルウェーデザインを見つけに行こう。

Norway

Oslo

Norway

Oslo

知られざる北欧の都　オスロ

179　Scandinavian traveler's guide

オスロの楽しみ方

大小の公園とゆったりした街並み、ハーバーからは無数のヨットと小さな島々を臨める。ここには高層ビルもラッシュアワーもない。物価は高いが収入もそれに見合っているぶん、潤った生活水準を空気で感じ取れる街だ。国土面積は日本とほぼ同じなのに人口はわずか450万人。この大自然に囲まれた国は「サーモン、フィヨルド、オーロラ」という印象があまりにも強過ぎる（まさにその通りなのだが…）。「北欧」のデザイン的視点から見ると、デザイン王国デンマークや産業大国スウェーデンに大幅に差をつけられているのは、悲しいかな明白である。しかしアンティーク屋やデザインショップ、しゃれたオープンカフェ、芸術学校などが点在する北東グルンナロッカを中心に、近年、オスロは少しずつ変化している。デザインシーンの鍵を握るユニットや店が次々と芽吹いている今こそ、オスロを先物買いする時期なのだ。

ことば

公用語はノルウェー語だが、ほとんどの人々が英語を話すことができる。

時差とサマータイム

日本時間からマイナス8時間。サマータイムは、3月最終日曜日から10月の最終日曜日まで。この時期は、時間が1時間早くなり、時差は7時間になる。

ノルウェーの地理

総面積は約38万7000k㎡で、ヨーロッパで最も南北に長い国。本土の北半分が北極圏に位置している。地勢は深いフィヨルド、そそり立った山々、岩々からなる海岸線、なだらかな農地がその特徴といえる。国土の約80％が森林、山、湖、川などが占めている。オスロは人口約85万人の都市。ノルウェー文化の中心の中心地であり、緑豊かな自然と見事に調和している街である。

電話

公衆電話に使える硬貨は、1、5、10、20NOR。テレホンカードも普及しており、カードの方が硬貨でかけるよりも割安。キオスクや郵便局などで購入できる。日本までは最低5NOKでつながり、1分13.62NOK。空港やホテルの部屋からかけるとこれよりも高くなるので注意。ノルウェーから日本に国際電話をかける場合はダイヤル直通00。たとえば、東京03-1234-5678に電話する場合は、00-81-3-1234-5678となる。ノルウェーの国番号は47。

おかね

通貨はノルウェー・クローネ（Krone）。国際表示は「NOK」だが、国内で値札などに使用している表示は「kr」。また補助硬貨はØre（オーレ）。両替は、銀行や空港、フェリー、バスのターミナル、駅などでできる。街には毎日営業している両替所もある。＊1NOK＝100Øre＝19.74円（2007年4月現在）

税金

物品には25％、食物には11％の付加価値税（VAT）が課せられており、旅行者がグローバル・リファウンドの加盟店で購入額した場合、約12〜19％が還付される。「TAX FREE」の表示のある店で315 NOK以上（食品280NOK）の買い物をしたら、旅行者である旨を申し出て、所定の書類（リファウンド・チェック）を作成してもらおう（要パスポート）。※詳細はグローバル・リファウンドジャパンHP参照
www.globalrefund.com/

チップ

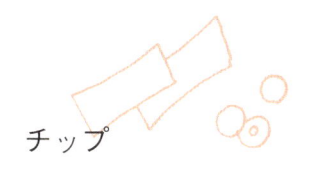

料金にサービス料が含まれている場合がほとんどなので、特にチップの習慣はない。レストランなどで、料金にサービス料が含まれていないときは7〜10％ぐらいのチップを渡す。ただし、タクシーに乗車する場合は、料金の端数分を渡すのが普通。

郵便

日本までの国際郵便は、ハガキ1枚および20gまでの封書の場合、10.5NOK。「Air Mail」と明記するか、「A Priorite,Par Avion」と書かれたブルーのシールを貼って投函すること。ポストは2種類あり、黄色はノルウェー国内専用。日本に送る際は赤いポストへ。

交通

効率よく廻るなら、オスロ・パスを活用しよう。オスロ内を走るトラム、バス、地下鉄、国鉄（一部）などの公共交通機関だけでなく、美術館や博物館など観光スポットも無料になる。24時間用、48時間用、72時間用の3種あり、各観光案内所、ホテル、駅、キオスクなどで購入できる。オスロ中央駅前広場の端にある時計台の下に市内交通に関するインフォメーションがあり、旅行者用の無料市内地図ももらえる。

Norway Says.Shop

ノルウェー・セイズ・ショップ

ここへ来ずしてノルウェーの
モダンデザインは語れない

明るくシンプルな店内に並べられたデザインアイテムがまさしく北欧なイメージ

ノルウェーで最注目の新鋭デザイナーユニット「ノルウェー・セイズ」のセレクトによるインテリアショップ。ノルウェー・セイズとはノルウェー・デザインカウンシルによるプロジェクト的な企画によって6年前に構成されたユニットだ。このショップでは、彼らが生み出したシンプルなひねりを利かせたデザインソファやランプ以外に、北欧ならではのデザイングッズや機能性に優れた雑貨が多々そろっている。店の奥はデザイン事務所になっているので、デザイナーが顔を出すことも。運がよければ会うことができるかも!?

data

One
ワン

売れたらおしまい、の
一点ものコンセプトショップ

　ノルウェーのグラフィックシーンの第一線を導くグラフィック集団Bleedのオフィスの下に、2006年5月にできたばかりのエキシビションスペースを兼ねた店。Oneという名前のとおり、彼らのクライアントのつくる洋服や雑貨などを1点ずつのみ仕入れているというコンセプトがおもしろい。

data

Torpedo
トルペド

ノルウェーの現代アートと
サブカルシーンを垣間見る

　オスロ現代美術館内にあった本屋のスタッフがはじめたこのトルペドでは、コンテンポラリーアートブックスとサブカルチャー関連の音楽やアート、雑貨、そして情報が手に入る。ノルウェーのアーティストには特に力を入れており、小さいショップながらも充実した品揃えが自慢だ。

data

Nøstebarn
ノステバーン

寒い冬も暖かく越せる
オーガニック素材の子ども服

　直訳すれば「毛糸だまベビー」という名のこの店は、オーガニックウールを使った子ども服と色とりどりの毛糸がそろう。質がよく糸の細い薄手ウールだから、下着として着てもチクチクしないのが人気の秘密。北の国らしいカラーリングの帽子や靴下など小物も充実のほのぼのしたショップだ。

data　住所：Bentsebrugata 29　NO-0469　Oslo
Tel：+47-22-18-06-90
営業時間：10:00〜17:00（木〜19:00、土〜15:00）
定休日：日・祝祭日
www.nostebarn.no
MAP：折り込み C-1

Cirka Design
シリカ・デザイン

オーナーがコツコツ買い付けた
カラフルな北欧アイテム

　1960〜1980年代のスカンジナビア家具と、スペースエイジに影響されたセカンドハンド家具を扱うこの店は、小さいけれどもレアな掘り出し物がいっぱいだ。オーナーがノルウェーやデンマークのマーケットを巡って集めた食器や家具、ランプなどがおしゃれにディスプレイされている。

data　住所：Thorvald Meyers gate 3　NO-0555　Oslo
Tel：+47-22-20-06-90
営業時間：夏期　16:00〜19:00（木）
冬期：15:00〜19:00（火）、16:00〜19:00（木）、12:00〜16:00（土）
定休日：日曜日は休業・冬期は水・木・土のみ営業
www.cirkadesign.no
MAP：折り込み B-1

Norway

Annen Etasje Brukthandel

アネン・エターシャ・ブルクトハンデル

**じっくり探して掘り出したい
本気なアンティークショップ**

　1970年代の北欧デザインを中心に、テーブルやソファなどの大きな家具から食器や雑貨までさまざまなアイテムがところ狭しと並べられている。意外に広い店の片隅に、キャサリン・ホルムやフィッジオなど名品キッチングッズが置かれていたりするので、じっくり時間をかけてチェックしたい。

data　住所：Storgate 36　NO-0182 Oslo
　　　Tel：+47-22-17-17-17
　　　営業時間：13:00～17:00（土 12:00～15:00）
　　　定休日：月・日・祝祭日
　　　MAP：P.220 E-2

Utopia

ウートピア

**渋めのセレクションが
グルーヴィなインテリア店**

　ユーズドの北欧家具の中でも渋めの色みやシックなデザインの家具やインテリア雑貨を集めた店。商品は北欧各国やイタリアからオーナーが集めたハイクオリティなアイテムが並んでいる。素朴な木の質感をもつ家具や、くすんだ色のグラスウェアなど、落ち着いたインテリア雑貨が見つかる。

data　住所：Markveien 57　NO-0554 Oslo
　　　Tel：+47-21-35-48-45
　　　営業時間：12:00～18:00（土 12:00～16:00）
　　　定休日：月・日・祝祭日
　　　www.utopiaretromodern.com
　　　MAP：折り込み C-2

Norway Designs
ノルウェー・デザインズ

ノルディックデザインの
すべてがそろう老舗ショップ

上）セラミックやガラス製品も種類豊富。下）とにかく広い地下2階の売り場。ロロスツイードや暖炉用品など寒い国ならではのアイテムがそろう

data

ナショナルテアトレ駅すぐ近くに位置するこのショップは、1957年から続くコンテンポラリーデザイン雑貨ショップの老舗。ノルウェーや北欧はもちろんのこと、アイスランドやフィンランドなどノルディック諸国のグッドデザインまで一挙に網羅。地下2階の大きな売り場スペースはとにかく圧巻。キッチングッズや洋服、テキスタイル、ジュエリー、テーブルウェアなどほかには見られない充実の品揃えだ。ノルウェーデザインのジュエリーやアートセラミックも種類が多く、個性的なアイテムを探すことができる。

Norway 186

Bare Jazz

バーレ・ヤズ

街中を感じさせない
ジャズのかかる中庭カフェ

　1階は定番からコンテンポラリーまで幅広く扱うジャズ専門のCDショップ、2階はレンガづくりのカフェバー。ソファやスツールの並ぶしゃれた店内もいいが、オープンエアの中庭も天気のいい日は心地がいい。少し見つけにくい場所にあるせいか、"知る人ぞ知る"的なゆったりカフェだ。

data

Christiania

クリスチャニア

足を踏み入れてびっくり！
とにかく圧巻のコレクション

　オスロに数軒レストランを持つボル・イエルセスがプロデュースした新レストラン。そこはまるでパンデミーク博物館のよう。戦前のお菓子パッケージからレトロな看板、洋服に雑貨まで約2万点のグッズが美しく陳列されている。昔のデザインやロゴに興味のある人は是非行ってみてほしい。

data

Scandinavian traveler's guide

Südøst

スードオスト

雰囲気も味も文句なし
オスロのトレンドここにあり

　2005年5月のオープン以来、しゃれたインテリアと料理のクオリティとで常に評価の高い、元銀行の古い建物を改造したレストラン＆カフェ。レストランならトナカイ肉の料理、カフェならホームメイドパンのサンドウィッチをテイクアウトするのがオススメ。川沿いのテラス席も人気。

data　住所：Trondheimsveien 5, NO-0560, Oslo
　　　Tel：+47-23-35-30-70
　　　営業時間：レストラン　11:00～23:00
　　　（月・火～22:00、日12:00～18:00）
　　　バー　11:00～1:00
　　　（月・火～24:00、金・土～2:00）
　　　www.sydost.no　MAP：P.220 F-1

Tea Time

ティー・タイム

フログネル界隈に来たら
こんなカフェでゆったりと…

　オスロの西、フログネルの住宅地にひっそりとオープンするかわいいカフェ、「ティー・タイム」。北欧ライクなシンプルインテリアでとても落ち着く空間。サンドウィッチやスコーンなど軽食と一緒に、150種類ほど用意されたリーフティーからお気に入りのブレンドを選んで少し休憩してみては？

data　住所：Frognerveien 22, （入り口はGeneles gate）, Oslo
　　　Tel：+47-23-44-11-34
　　　営業時間：10:00～17:00
　　　（土10:00～18:00、日12:00～18:00）
　　　定休日：なし
　　　www.tea-time.no
　　　MAP：P.220 A-3

Clarion Collection Hotel Savoy

クラリオン・コレクション・ホテル・サヴォイ

こぢんまり感が心地よい
随一のコンテンポラリーホテル

上）レストランは3コースで335NORから。下）スタンダードダブル室の一例。バスルームも改装したて

コンテンポラリーなインテリアで統一されたこのホテルは、北欧を中心に展開するチョイスグループの中でも個性のあるクラリオン・コレクションのひとつ。シンプルでモダンな調度品に合わせて、壁一面にあしらったアーティスティックな写真は部屋ごとに異なるそう。1階のレストランFFKはミシュランシェフによるハイクオリティな料理で評判が高く、ワインのセレクションも豊富だ。カールヨハン通りから徒歩3分の便利なロケーションだが静かな裏通りに位置するため、隠れ家的なホテルとしてリピーターが多い。

Juta

189　Scandinavian traveler's guide

Kunstindustrimuseet

工芸美術館

ノルウェーデザインのすべてを
時代を追って堪能できる

上）広々としたミュージアムショップ。
下）常設展はさながら北欧デザインの
名品カタログ。マストアイテムを網羅
した興味深い充実の内容

data

16世紀から現在まで時代を追ってノルウェーを中心としたスカンジナビアの工芸品を集めた国立の工芸博物館。特に3階ではアールデコ時代からノルウェー・セイズまで、過去100年の北欧デザインの変遷を、電気製品、家具、食器、洋服、テキスタイルにわたってじっくりと見ることができ、デザイン好きにはたまらない充実のコレクションだ。1、2階のエキシビションスペースでは定期的に展示が行われている。キッチングッズやアクセサリーなど北欧関連の雑貨を扱うショップも充実だ。

Norway 190

Dog A
ノルウェーデザイン建築センター

さまざまな視点でデザインを
体感できる多目的スペース

上）レストランではイタリア料理をおしゃれに提案。下）2機関のオフィス部分。レンガ造りの外観とは異なるコンクリ打ち放しの無機質なデザイン

Oslo

data

ノームソフォーラムとノルウェー・デザインカウンシルのオフィスを兼ねた、「ノルウェーデザイン建築センター」。古い変電所を七分に改造した建物は、建築的なセンスを感じられる場所だ。建物内はふたつの機関のオフィス以外にコンファレンスセンター、3つのギャラリースペース、ショップ、レストランと多目的に使用できるようデザインされ、一般客にも開放している。美しい川に臨むレストランじゃ、アイコルドフィエスタの椅子やノイツジョのテーブルウェアを使用するなど、ノルウェーデザインへのこだわりを追求している。

象徴的なシンボルから歴史的建造物まで…

ここも見逃せない！
オスロ観光スポット

Oslo City Hall (Oslo Rådhus)
オスロ市庁舎

ノーベル平和賞の授賞式が行われる

オスロ市900年祭を記念して建てられた市庁舎は、高さ66mと63mの2つの塔を持つ建物。全国の建築家から作品を募集し、1931年に着工、1950年に完成した。建物内に飾られた、ヨーロッパ最大ともいわれる巨大な油絵は必見。大ホールでは、毎年12月10日にノーベル平和賞の授賞式が行われている。

data
住所：Fr. Nansens Plass
Tel：+47-23-46-16-00
開館時間：5〜8月9:30〜17:00、9〜4月9:00〜16:00
休館日：なし
入場料：40NOK（オスロパスで入場可）
www.rhoslo.kommune.no　MAP　P.221 B-3

Munch Museum (Munch museet)
ムンク美術館

ムンク生誕100年を記念

ノルウェーを代表する画家、ムンク。1963年にムンクの生誕100周年を記念して、郊外に建てられた美術館。幼少期の絵画から代表作まで、ムンクがオスロ市に寄贈した膨大な作品が収められている。美術館の周辺一帯は広々とした公園になっている。

data
住所：Tøyengate 53
Tel：+47-23-49-35-00
開館時間：6〜8月10:00〜18:00
9〜5月10:00〜16:00（土・日11:00〜17:00）
休館日：9〜5月の月曜日
入場料：65NOK（オスロパスで入場可）
行き方：地下鉄Tøyen駅下車徒歩5分
www.munch.museum.no

National Museum (Nasjanalgelleriet)
国立美術館

ノルウェー最大の美術館

国内外の美術品を所蔵するノルウェー最大の美術館。収蔵品数は彫刻が約1900点、版画と線描画が約4万点。ここでぜひとも観たいのが、かの有名な絵画、ムンクの「叫び」。ムンクの主要な作品に加え、ゴーギャン、ピカソ、モネなど著名な画家の絵を数多く所蔵。

data
住所：Universitetsgata 13
Tel：+47-22-20-04-04
開館時間：10:00〜18:00
木〜日曜、土〜日11:00〜17:00
休館日：月曜日
入場料：無料、特別展は有料
www.nationalmuseum.no　MAP　P.221 C-2

Vigelands Park (Frogner parken)
ヴィーゲラン公園

200点近い彫刻に圧巻される

彫刻家グスタフ・ヴィーゲランの作品が200点ほど展示された公園。園内の彫刻はすべて人間と人生をモチーフにしたもの。中央に建つシンボル「モノリッテン（人間の塔）」は13年の歳月をかけて造られた大作で、121人の老若男女が絡み合って塔を形成している。公園内の人気者、怒り顔の男児像「怒りんぼう」も探してみよう。

data
行き方：地下鉄Majorstuen駅下車徒歩10分、バス12番 Vigelandsparken下車
www.vigeland.museum.no

Norway　192

Goods or daily use

日常の中こそ
北欧デザインの宝庫

北欧に滞在してみると、普段の生活において
北欧デザインのよさを実感することが多い。

郵便局編

日本の郵便局からは想像できないほどにきちんとデザインされている北欧の郵便グッズ。旅の思い出を綴るもよし、荷物を送るもよし。帰国後も北欧気分に浸れること請け合いだ。

2006年発売の切手。左はコーヒー、中はバレンタインデー、右は夏の湖をイメージ（スウェーデン）

2006年に登場した送料付き封筒。送料は国内用だが、海外へは送料を加算して送れる（スウェーデン）

CDをぴったり収めて送ることができるCDケース用パッケージもグッドデザイン（デンマーク）

土冠付きの定番から、漫画や著名アーティストの作品まで種類豊富な切手デザイン（デンマーク）

コルク栓付きの青い透明のボトル。中に手紙を丸めて入れ、切手を貼れば郵送可（フィンランド）

Goods for daily use

194

今も根強い人気を誇るムーミンシリーズ。切手8枚とビッグ絵葉書4枚のセット（フィンランド）

フィンランド郵政のロゴ入り箱。こんなに鮮やかな橙色が郵政オリジナルデザインというから驚き（フィンランド）

国旗好きのデンマーク人は、誕生日に必ず国旗を飾るそう。これは誕生日用の封筒（デンマーク）

切手をコレクションできるストックブック。中には防湿性に優れたグラシン紙を使用している（フィンランド）

小包用小荷物、小ポストに入らない人がわかりやすいよう、あらかじめ「×」付き（デンマーク）

Købmagergade Posthus
クーマイヤーゲーデポストフース

1800年代にオープン。コペンハーゲン市内で最も古い郵便局。ショッピングストリートにあるので、買い物のついでに立ち寄れて便利。隣接するミュージアムのショップや眺めのいい最上階のカフェもおすすめ。

data

Tel：+45 80 20 70 30
営業時間：10:00～17:30 (土～14:00)
定休日：日・祝祭日
www.postdanmark.dk
MAP → P.211 B-2

スーパーマーケット編

北欧の日常デザインを知りたければ、まずは地元のスーパーマーケットへ。パッケージのかわいい日用品や雑貨が豊富でついつい買いすぎてしまうかも!?

Goods for daily use

ミネラルウォーターのボトルは洗浄して何度も使うリサイクルシステムのため、丈夫なつくり（スウェーデン）

専門ショップでなくとも、普通のスーパーにもマリメッコがあふれている（フィンランド）

キシリトールガム。フィンランドではあちこちでムーミングッズを見かける（フィンランド）

フィンランド人が大好きな「サルミアッキ」は真っ黒いグミのようなお菓子。日本人には強烈な味かも（フィンランド）

Arla社のヨーグルト飲料「yoggi」。パッケージのかわいさは日本でも有名！（スウェーデン）

196

北欧のスーパーは乳製品がとにかく豊富。バラエティに富んだ味も試してみたい（フィンランド）

パンに付けて食べるチューブ入りのチーズスプレッド。北欧土産におすすめ！（フィンランド）

Mazetti社のインスタントココアは、グラフィックデザイナー、オーレ・エクセルによるデザイン（スウェーデン）

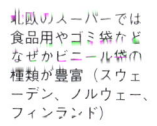

スウェーデンで最もポピュラーな乳製品メーカーArla社のミルク。左はイチゴミルク味（スウェーデン）

北欧のスーパーでは食品用やゴミ袋などなぜかビニール袋の種類が豊富（スウェーデン、ノルウェー、フィンランド）

197　Scandinavian traveler's guide

お土産を探すなら「イヤマ」に行こう!

オリジナル商品も展開している
デンマークのスーパー「Irma(イヤマ)」。
お土産にも喜ばれそうな
女の子が描かれたグッズに注目!

イヤマオリジナルの
デラックス・ブレン
ドティー。開封する
のがもったいないく
らいかわいいパッケ
ージ(36DKK)

デンマークの子ども
たちが大好きな「フ
ルードボラー」は、
マショマロをチョコ
でコーティングした
お菓子(19.95DKK)

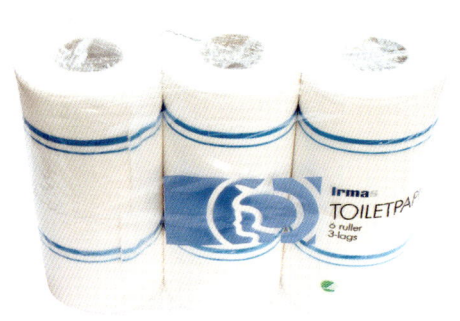

ライン入りトイレットペーパーは、ブルーが一番人気。
他にグレー、イエローがある。6本入り(33.50DKK)

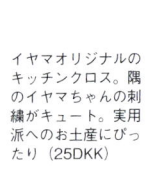

ショッピングバッグ
はビニール素材が主
流でも、エコ派は紙
製を。かわいいイヤ
マちゃん付きはマス
トバイ(25DKK)

イヤマオリジナルの
キッチンクロス。隅
のイヤマちゃんの刺
繍がキュート。実用
派へのお土産にぴっ
たり(25DKK)

Goods for daily use

Irma (in Illum)
スーパー・イヤマ(イルムデパート地下店)

コペンハーゲン市内のスーパ
ー・イヤマの中でも、旅行者
に便利なのは、イルムデパー
ト地下のイヤマ。広いフロア
なので、商品選びもラク。ま
た、デンマークではどこより
も品揃えがいいと評判だ。

data

住所：Pilestræde 13, 1112 Copenhagen K
Tel：+45-33-14-15-56
営業時間：10:00〜19:00
金〜20:00、土・毎月第1日曜〜17:00
定休日：祝祭日
www.irma.dk
MAP ▶ P211 C-3

198

Airline Design Guide
フライト直前デザイン案内

北欧の玄関ともいわれるデンマーク・カストラップ国際空港は
建築・インテリアともに、美しいデザインを堪能できる。
さらに、日本からはスカンジナビア航空（SAS）を利用すれば、
北欧デザインをめぐる旅が、よりいっそう楽しいものになるだろう。

> カストラップ国際空港 編

カストラップ空港は建築からインテリア、
そしてアートまで見所満載。
まずガラス張りの建築は
ヴィルヘルム・ローリッツエンが設計、
インテリアはまるでデザインミュージアムのよう。
これじゃ、飛行機乗り遅れちゃう!

Airline Design Guide

ナンナ・ディッツェルの
トリニダードチェア

日本ではまだそれほど一般的ではないが、デンマークでよく見かけるのがナンナ・ディッツェルのトリニダードチェア。とくに公共施設にたくさん導入されているのだが、ここのカフェの椅子はすべてそう。惜しくもナンナ・ディッツェルは2005年に亡くなってしまったが、今後、セブンチェアと同じくらいポピュラーな椅子になるかもしれない。

最も旬な新鋭デザイナーによる
色とりどりのカフェスツール

2000年にオープンしたカフェには最近話題のデザイナー、トード・ボーンチェのファブリックが張られたスツールが使われている。色とりどりのスツールがポコポコ並んでいる様子がかわいらしく、何だかこの一画だけ華やかな雰囲気。ちなみに、トード・ボーンチェはオランダ人。

ウェグナーの
エアポートチェア

もちろんデンマークを代表する巨匠の椅子もある。まずひとつ目がハンス・J・ウェグナーのエアポートチェア。空港のイメージカラーはブルーだが、空間に合わせてグリーンにしたという逸話がある。出発ロビー内のデンマーク国内線の待合ホールに置かれているので、座り心地もチェックしよう！

カーゴのデザインは
意外なあの人

荷物をチェックインカウンターで預けた後、搭乗までお世話になる手荷物用のカーゴ。曲線を描くユニークなデザインで、これがなかなかかっこいい。と思っていたら、やはりちゃんとデザイナーがつくっていた。デザインをしたのはデンマークの有名照明ブランド「レ・クリント」のデザインで知られるポール・クリスチャンセン（写真左）。カーゴが重なって並んでいる姿も見とれるほど美しい！

Airline Design Guide

ポール・ケアホルムの
PK22

カストラップ空港を代表する椅子といえばポール・ケアホルムのPK22だろう。ターミナル3のチケットカウンターの前に並んでいるのも実はこれ。この待合の空間はケアホルムでコーディネート。しかも幻のソファPK-31には驚いた。盗難防止のため脚を直接床に打ち込んでいるというのにも納得。

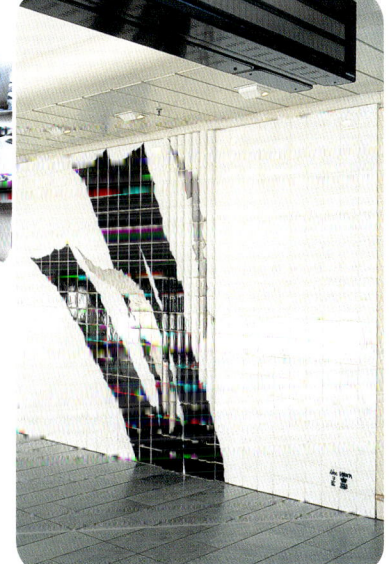

アート壁画の作者は
リン・ウッツオン

スカンジナビア諸国への乗り換えゲートに向かう途中にあるアート壁画はシドニーのオペラハウスの設計で知られる、ヨーン・ウッツオンを父にもつリン・ウッツオンの作品。最近の仕事ではローゼンダール社から発売されているアンデルセンのプレートのデザインなどが有名。左の写真は、アンデルセンのプレートとともに写っているリン・ウッツオン。

スカンジナビア航空編

"北欧らしさ"がひと目でわかるのが魅力的なスカンジナビア航空（SAS）のデザインとカラーリング。SASのデザインの魅力をあらためて紹介しよう。

1. Coloring

SASのデザインコンセプトを表す機体のカラーリング

機体に大きく描かれるのは、SASオリジナルの文字。SASシルバーと白抜きが特徴

機体の後方にもスカンジナビア3か国のイラストが入る。SASカラーにトーンを合わせた色合いが選択されている

尾翼のSASブルー地に白抜きでロゴが入る。シンプルだが印象に残る「SAS」の文字がまぶしい

SASロゴとデンマーク、ノルウェー、スウェーデンの国旗をイメージしたイラスト

エンジン部分に施されるのはSASレッド。目をひくカラーが効果的に配される

さりげなく、ただしきっちりと識別できる機体の登録番号はSASグレー。機体にはSASライトグレーが用いられている

※イラストはB737のカラーリング

Airline Design Guide

独特の赤、青、グレーの組み合わせは「SASカラー」と呼ばれている

2. Logo Design

SASを表すロゴデザイン

SASを表すもっとも重要なアイコン、それがこのロゴである。文字とブルー地のバランスまで絶妙にデザインされたロゴがSASのイメージを演出している。

1998年にリニューアルされてから使用されているロゴマーク。文字のバランスまで細かくデザイン

スカンジナビア3国とフィンランド以外では、「Scandinavian Airlines」の文字が加えられる

5. Color

厳密に決められているSASカラー

SASの基本色として定められているのは6色。色の指定は厳密に定められている。グレーのグラデーションが美しい

- PANTONE® 2738C / PANTONE® 072U — SASブルー
- PANTONE® 877C / PANTONE® 877U — SASシルバー
- PANTONE® Warm Grey 9C / PANTONE® Warm Grey 9U — SASダークグレー
- PANTONE® Warm Grey 5C / PANTONE® Warm Grey 5U — SASミディアムグレー
- PANTONE® 9083C / PANTONE® 9083U — SASライトグレー
- PANTONE® 173C / PANTONE® 173U — SASレッド

3. Typography

北欧らしさを表現するタイポグラフィ

1998年のリニューアルに際してつくられた「スカンジナビアン」フォント。メインに使われるのは下の3種類。他にもさらに3種類のフォントがある

Scandinavian Light
ABCDEFGHIJKLMNOPQRSTUVWXYZ
abcdefghijklmnopqrstuvwxyz
1234567890

Scandinavian Regular
ABCDEFGHIJKLMNOPQRSTUVWXYZ
abcdefghijklmnopqrstuvwxyz
1234567890

Scandinavian Bold
ABCDEFGHIJKLMNOPQRSTUVWXYZ
abcdefghijklmnopqrstuvwxyz
1234567890

4. Ticket

イメージを上手に演出するチケット

チケットやパンフレットのデザインは、イメージ写真を上手に使い、北欧らしさを表現している。自然の風景などをさりげなく生かしたレイアウトにSASのロゴがぴったりと収まっている

Airline Design Guide

6.Layout

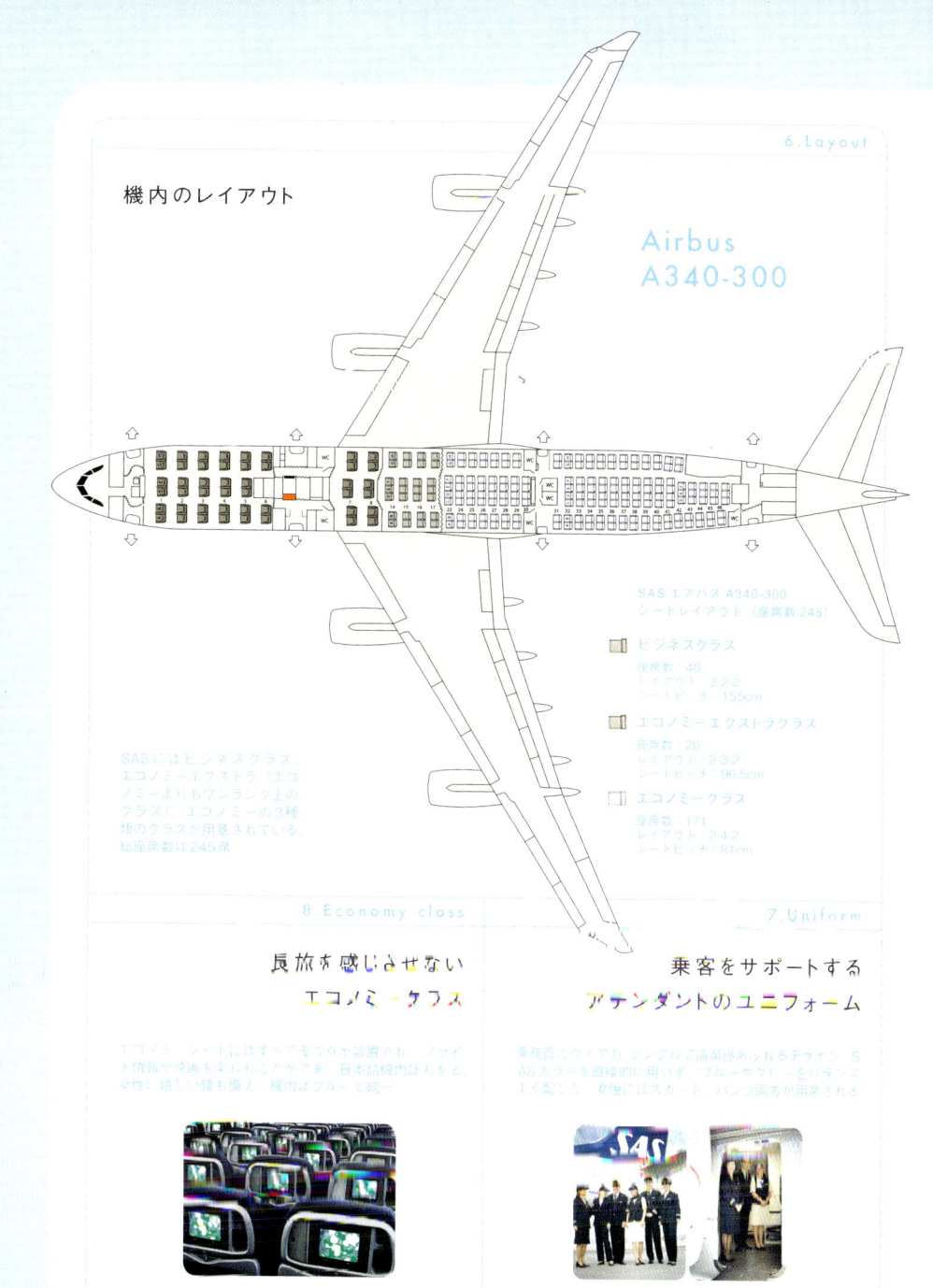

機内のレイアウト

Airbus
A340-300

SAS エアバス A340-300
シートレイアウト（座席数 245）

■ ビジネスクラス
座席数：46
レイアウト：2-2-2
シートピッチ：155cm

■ エコノミーエクストラクラス
座席数：28
レイアウト：2-3-2
シートピッチ：96.5cm

■ エコノミークラス
座席数：171
レイアウト：2-4-2
シートピッチ：81cm

SASにはビジネスクラス、エコノミーエクストラ（エコノミーよりもワンランク上のクラス）、エコノミーの3種類のクラスが用意されている。総座席数は245席。

8.Economy class

長旅を感じさせない
エコノミークラス

エコノミークラスのシートにはすべてモニターが設置され、ソフト情報や映画を楽しむことができ、日本語解説のあるものや、女性に嬉しい枕も備え、機内はブルーで統一。

7.Uniform

乗客をサポートする
アテンダントのユニフォーム

乗務員のウェアも、シンプルで清潔感あふれるデザイン。SASカラーを直接的に用いず、ブルーのトーンをバランスよく配した。女性にはスカート、パンツ両方が用意される。

207　Scandinavian traveler's guide

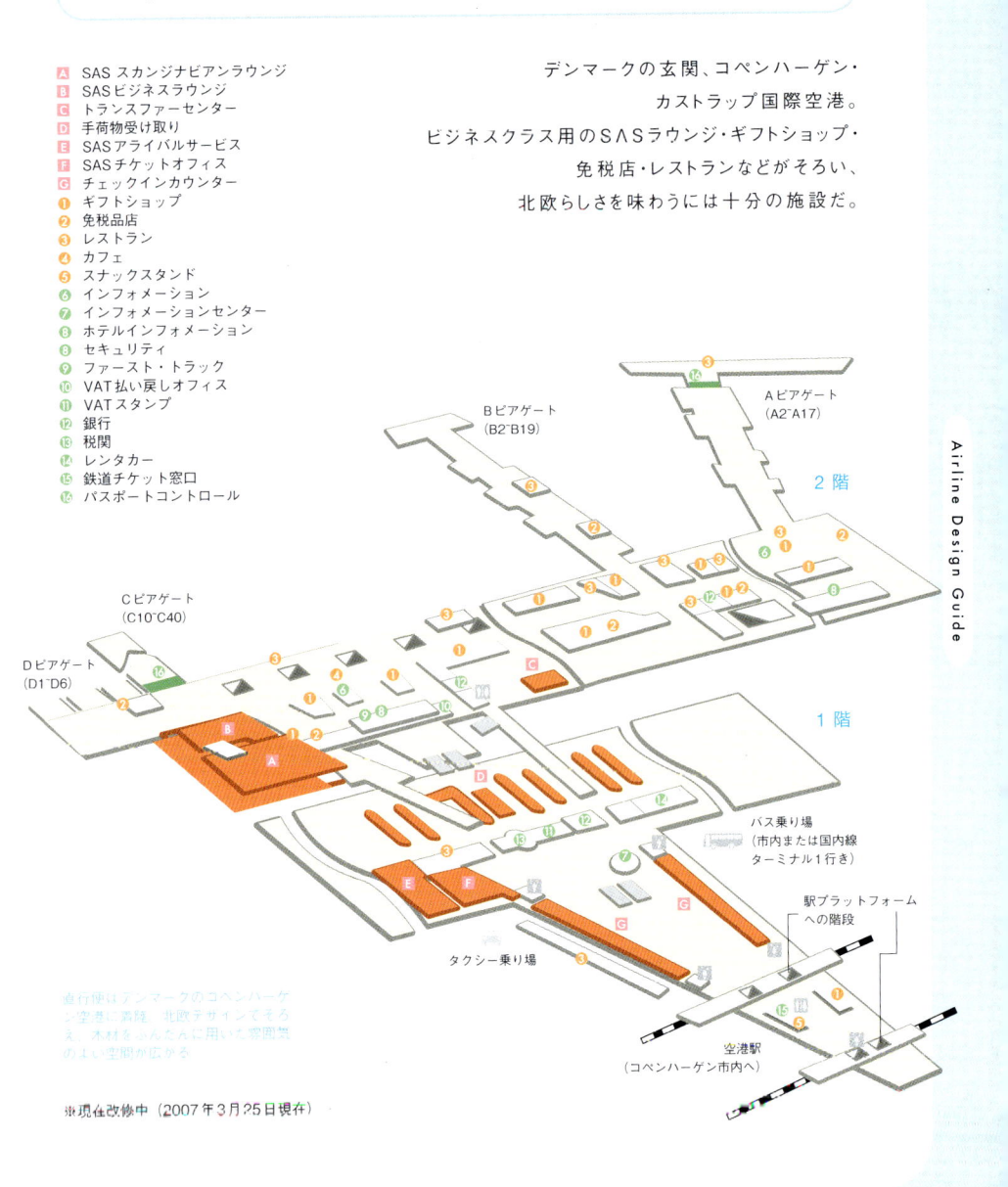

Copenhagen Kastrup International Airport Map

- A SAS スカンジナビアンラウンジ
- B SAS ビジネスラウンジ
- C トランスファーセンター
- D 手荷物受け取り
- E SAS アライバルサービス
- F SAS チケットオフィス
- G チェックインカウンター
- 1 ギフトショップ
- 2 免税品店
- 3 レストラン
- 4 カフェ
- 5 スナックスタンド
- 6 インフォメーション
- 7 インフォメーションセンター
- 8 ホテルインフォメーション
- 9 セキュリティ
- 10 ファースト・トラック
- 11 VAT払い戻しオフィス
- 12 VATスタンプ
- 13 銀行
- 14 税関
- 15 レンタカー
- 16 鉄道チケット窓口
- 17 パスポートコントロール

デンマークの玄関、コペンハーゲン・カストラップ国際空港。ビジネスクラス用のSASラウンジ・ギフトショップ・免税店・レストランなどがそろい、北欧らしさを味わうには十分の施設だ。

Aピアゲート (A2~A17)
Bピアゲート (B2~B19)
Cピアゲート (C10~C40)
Dピアゲート (D1~D6)

2階
1階

バス乗り場
(市内または国内線ターミナル1行き)

駅プラットフォームへの階段

タクシー乗り場

空港駅
(コペンハーゲン市内へ)

Airline Design Guide

現在改修中（2007年3月25日現在）

copenhagen

stockholm

北欧4都市街あるきMap

helsinki

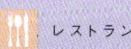

ショップ　レストラン
名所　ホテル

oslo

※お店などの場所は2007年5月現在のものです

| コペンハーゲン | Copenhagen |

Kongensgade
Frederiksgade
Dansk Møbel Kunst
ダンスク・モーブル・クンスト
Amalienborg Slot
(アマリエンボー宮殿)

ant Koefoed
フォード
Store
Bredgade
Amaliegade
Toldbodgade

mati Optic
ティ・オプティーク
Fredericia Furniture A/S
フレデリシア社　ショールーム
● **Copenhagen Admiral Hotel**
コペンハーゲン・アドミラル・ホテル
Operahus
(オペラハウス)

Klassik
クラシック

ns Nytorv
ニュートー広場

Homestore
ストア
Nyhavn
(ニューハウン)

Niels Juels Gade

onal
ken

Havnegade

● **Noma**
ノーマ
Grønlanske Handels Plads

Christianshavn(クリスチャン教会)

Knippelsbro
Strandgade

210

D　　E　　F

0		300m

Kongens Have
（王様公園）

● Hotel Christian IV
ホテル・クリスチャンIV

Nørre Voldgade

Gothersgade

Rosengården

Landemærket

Fiolstræde

Tele & Post museum Museum Shop
電信＆郵便博物館

● Kjær & Somr
ケア＆サマーフェルト

Nørregade

Krystalgade

Købmagergade

Mønt

● R.O.O.M
ルーム

● Hotel Skt. Petri
ホテル・サンクト・ペトリ

store Kannikestræde

hay cph
ハイ・シーピーホー

Bernikows

Niels Hemmingsens G.

Fiolstræde

Købmagergade Posthus
郵便局／クーマイヤーケーデポストフース

Skindergade

Irma (B1F)
スーパー・イヤマ

● Rose

Stræde

Valkendorfsg.

Georg Jensen
ジョージ・ジェンセン

Nikola-Gade

Bremerholm

Vingårdst

Klosterstræde

Østergade

Illums Bolighus
イルムス・ボーリフス

Strøget
ストロイエ

Vimmelskaftet

Amagertorv

Stilleben
スティル・レーベン

St. Kirkestr

Skoubogade

Hyskenstræde

Læder stræde

L.Kirkestr

Le Klint
レ・クリント

Nygade

● Barleywine
バーレイワイン

Dybens

Badstuestr.

Naboløs

Louis Poulsen Lighting A/S
ルイスポールセン・ルーム

● Slotskælderen
スロッツケラーン・ホ ス

Vestergade

Brolæggerstr.

Nytorv

Vindebrogade

Laksegade

Frederiksberggade

Thé à la menthe
テ・ア・ラ・マント

Crème de la Crème à la Bulgar

Achnalgade

Kompagnistræde

Snarek

Slutter gade

Rådhusstræde

Dansk Håndværk
ダンスク・ホンヴェーク

Mag-stræde

Laverdel stræde

Kattesundet

Farvergade

Christiansborg Slot Splade
（クリスチャンスボー城）

Vandkunsten

Løngangstr.

Frederiksholms Kanal

Stormgade

Tøjhusgade

Slotsh

● Rådhuset
（市庁舎）

Dansk Design Center
ダンスクデザインセンター

● Kgl Biblio tek
ブラックダイアモンド

A	B	C

| コペンハーゲン | Copenhagen |

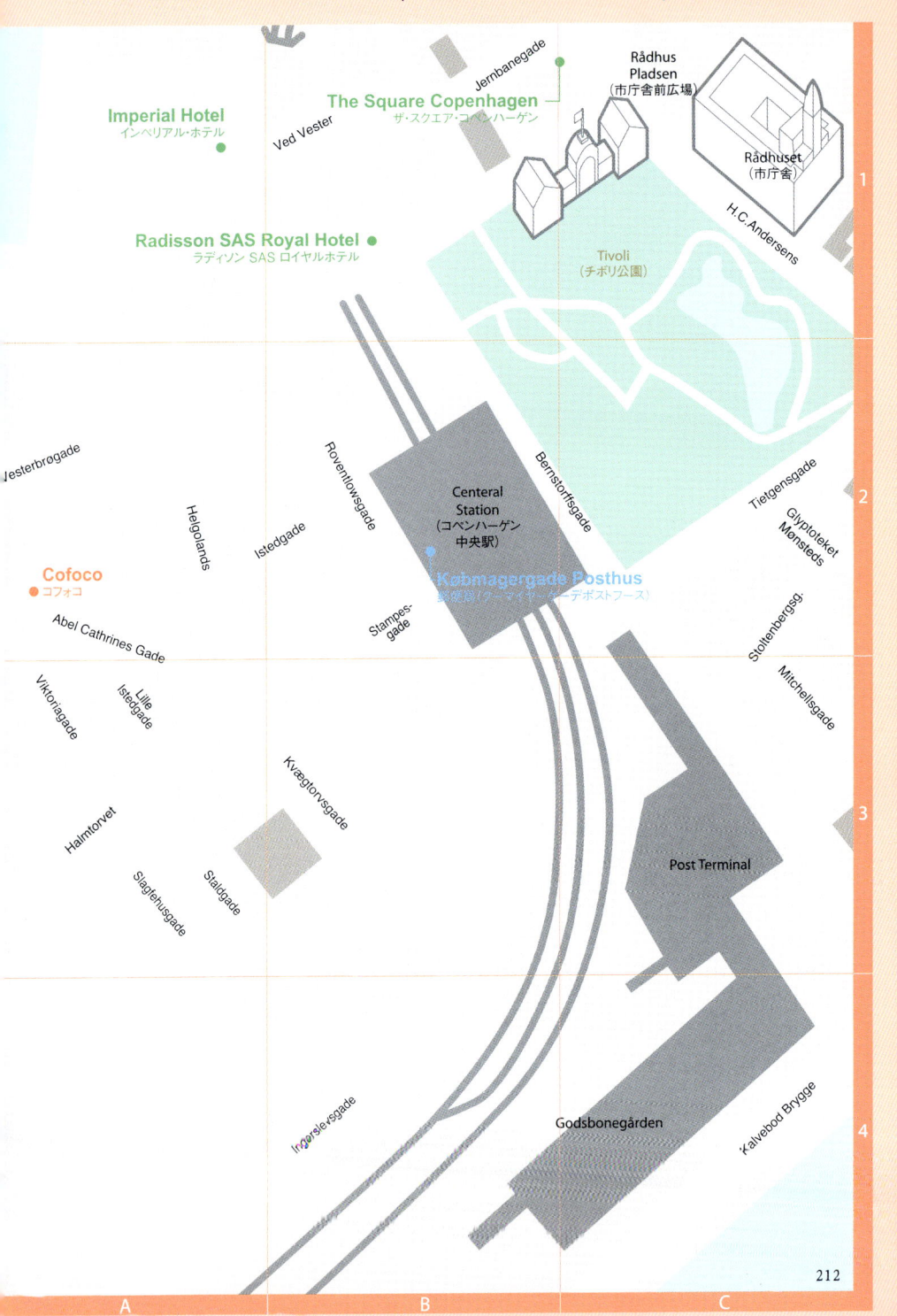

Imperial Hotel
インペリアル・ホテル

The Square Copenhagen
ザ・スクエア・コペンハーゲン

Rådhus Pladsen
(市庁舎前広場)

Rådhuset
(市庁舎)

Ved Vester

Jernbanegade

H.C.Andersens

Radisson SAS Royal Hotel
ラディソン SAS ロイヤルホテル

Tivoli
(チボリ公園)

Vesterbrogade

Helgolands

Istedgade

Rovenlowsgade

Bernstorffsgade

Tietgensgade

Glyptoteket Monsteds

Central Station
(コペンハーゲン中央駅)

Købmagergade Posthus
郵便局(クーマイヤーゲデポストフース)

Cofoco
コフォコ

Abel Cathrines Gade

Viktoriagade

Lille Istedgade

Stampes-gade

Stoltenbergsg.

Mitchellsgade

Halmtorvet

Kvægtorvsgade

Staldgade

Slagtehusgade

Post Terminal

Ingerslersgade

Godsbonegården

Kalvebod Brygge

212

A　　　B　　　C

0   275 m

Mau Antik マオ・アンティーク	**Skt. Johannes Kirke**	Fredensgade Blegdamsvej Lille Fredensgade Ryesgade Sortedam Dossering
Niobium ニオビウム	**Kaffe Plantagen** カフェ・プランタージェン	Læssøesgade
The Laundromat Café ザ・ランドロマット・カフェ	**Cappalis** カッパリス **Sære Sager** セア・セアー	Skt Hans Gade Ryesgade Schieppegrells gate
Nørrebrogate	**Brun's Indretning** ブルンス・インレトニング	
Stengade	**Bau Antik** バウ・アンティーク Fælledvej	**Møbelstationen** モーベル・スタショーネン Ravnsborggade Ravnsborg Tværgade	**Sortedams Sø** Øster Søgade
	Café Front Page カフェ・フロント・ページ	
	Dronning Louises	
	Peblinge Sø	Frederiksborggade Nørre Søgade ● **Hotel Kong Arthur** ホテル・コング・アチュアー ● **Ibsens Hotel** イプセンス・ホテル ● **Design-and-Art.dk** デザイン・アンド・アート・ディーケー ● **Bankerât** バンカロット ● **Schultz & Co. Antik** シュルツ・アンド・コー・アンティーク

| **A** | **B** | **C** |

| ストックホルム | Stockholm |

- Hötorget
- Granit
  グラニート
- Duka
  デューカ
- Mcdnald Kungsgatan
  マクドナルド・クングスガータン店
- Östermalms saluhall
  オステルマルム市場
- Östermalmstorg

Brunnsgatan
Kungsgatan
Regeringsgatan
Lästmakarg.
Norrlandsg.
Birger Jarlsgatan
Oxtorgsg.
Jakobsbergsg.
Mäster Samuelsg.
Biblioteksg.
Sergelgatan
Malmskillnadsgatan

- Sergels Torg ■
  (セルゲル広場)
- Design Torget
  デザイン・トリエ

Drottninggatan
Kyrkog.
Hamngatan
Kungsträdgårdsg.
Strandvägen
Nybroviken (ニブロ湾)

Kungsträdgården
(王立公園)

Arsenalsg.
Stallgatan
Blasieh.g.

Herkulesg.
Karduansm.g.
Malmtorg
Arsenalsg.
Grevgr.
Hovstagarg.

■ Kungliga Opera
(王立オペラ劇場)

Fredsgatan
Strömgatan
Strömbron
Blasieholmen

Vasabron
Norrbro
Riksbron

Kunglisa Slottet
(王宮)

Slottsbacken
Skeppsbron
Österlång.

Gamla Stan
(ガムラ・スタン)

Holmen
(ホルメン島)

D E F

1 2 3 4

0 400m

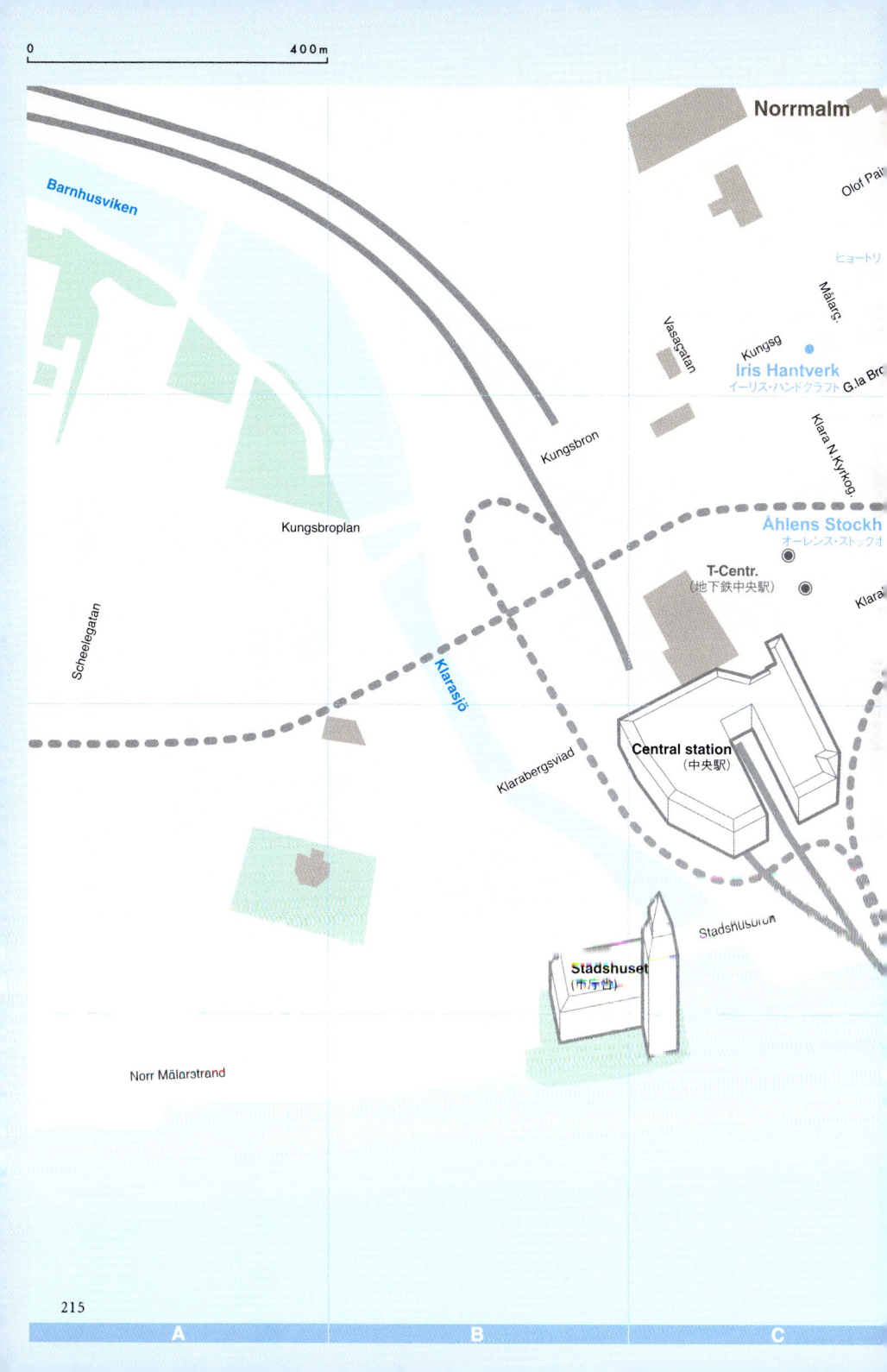

Barnhusviken

Norrmalm

Olof Pa[

ヒョートリ

Mälars

Vasagatan

Kungsg

Iris Hantverk
イーリス・ハンドクラフト G:la Bro

Klara N. Kyrkog

Kungsbron

Kungsbroplan

Åhlens Stockh
オーレンス・ストッ[

T-Centr.
(地下鉄中央駅)

Klara

Scheelegatan

Klarasjö

Klarabergsviad

Central station
(中央駅)

Stadshusbron

Stadshuset
(市庁舎)

Norr Mälarstrand

215

A   B   C

ストックホルム | Stockholm

Riksdagshuset (国会議堂)

Kunglisa Slottet (王宮)

Slottsbacken

Storkrkan (大聖堂)

Gamla Stan (ガムラ・スタン)

Riddarholmen (リッダーホルメン島)

Riddarholm kyrkan (リッダーホルム教会)

Vasabron
Riksbron
ntralbron
Svartmangatan
Kindstugatan
Baggensgatan
Östertång.
Skeppsbron
Ka Skolgr.
Själagårdsg.

Jobs Butiken ヨブス・ブティック

Gamla Stan (ガムラ・スタン)

S.Järnvägsbron
Munkbroleden

400m

Stockholms Stadsbibl iotek
ストックホルム市立図書館

Odengatan

Odenplan

Bacchus Antik バッカス・アンティーク

Observatorielunden (オブサーヴァドリー公園)

Kungstensgatan

Hotel Birger Jarl ホテル・ビリエル・ヤール

Rådmånsgatan

Bengt & Lotta ベングト&ロッタ

Västmannag.
Dalagatan
Upplandsg.tan
Kungtensg.
Rådmansg.

Rolfskök ロルフス・キッチン

Tegnergatan
Kammakarg.
Döbelnsg.

216

A | B | C

0   250m

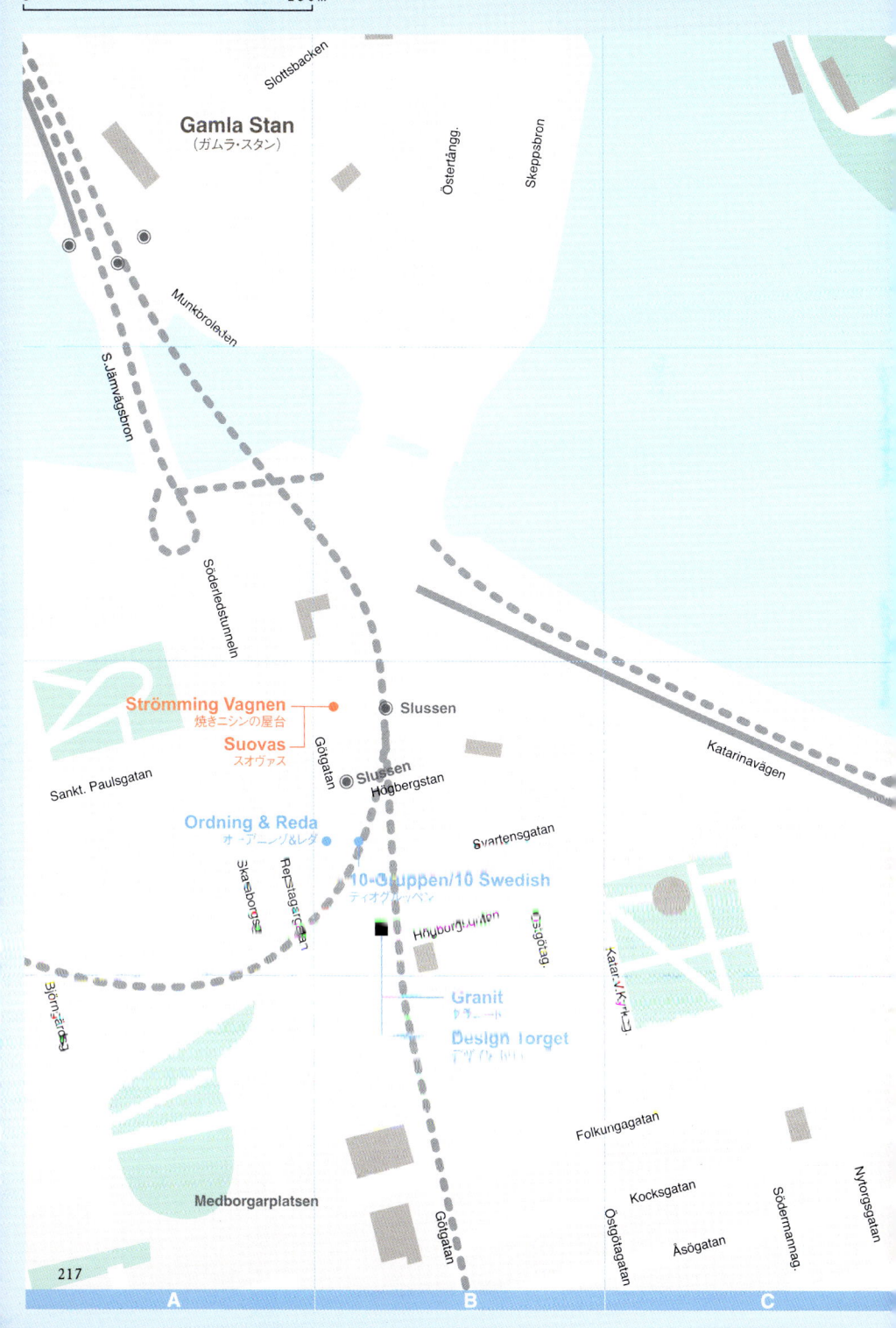

Gamla Stan
(ガムラ・スタン)

Slottsbacken
Östertängg.
Skeppsbron
Munkbroleden
S.Järnvägsbron
Söderledstunneln

Strömming Vagnen
焼きニシンの屋台
Suovas
スオヴァス

Slussen
Götgatan
Slussen
Högbergstan
Katarinavägen

Sankt. Paulsgatan

Ordning & Reda
オードニング&レダ

Skansbergs
Repslagargatan
Svartensgatan

10-Gruppen/10 Swedish
ティオグルッペン

Högbergsgatan
Götgatan
Katar. V.Kyrkog.

Björns trädg.

Granit
グラニット

Design Torget
デザイントルゲット

Folkungagatan
Medborgarplatsen
Götgatan
Kocksgatan
Östgötagatan
Åsögatan
Södermannag.
Nytorgsgatan

217

| A | B | C |

ヘルシンキ | Helsinki

Liisankatu
Elisabetsikatu
Tervasaarenkannas

Snellmaninkatu
Mariankatu
Maneesikatu

Unioninkatu
Viron-katu
Pohjoisranta

Kalsanemenkatu
Fablaninkatu
Rauhan-katu

Halkolaituri

Vuorik
Kirkkokatu

Yliopistonkatu
Tuomiokirkko
（ヘルシンキ大聖堂）
Ritarikatu
Meritullink

Meritullinlaituri

Yliopisto
（ヘルシンキ大学）
Hallituskatu

Aleksanterinkatu
Alexandersgatan

Kluuvi-katu
● marimekko
マリメッコ
● Sasso
サッソ
● Upenskin Katedraali
ウスペンスキー寺院

splanadi
Kauppatori
（マーケット広場）

rtek
ルテック
Eteläesplanadi
スオメンナ行き
フェリー乗り場
Kanavakatu

● Savoy
サヴォイ
Katajanokan
● Grand Marina
グランド・マリーナ

ecca
Kanava-
terminaali
（カタヤノッカ・
ターミナル）

P.makasiinik
Unionsgatan
Kanalgatan

Forum Finland
フォーラム・フィンランド
Eteläranta
● Palace Hotel
パレス・ホテル

E.makasiinik
Katajanokanranta

Makasiini-
terminaali
（マカシーニ・
ターミナル）

Kasarmikatu
Laivesiliankatu

Tähtitorninkatu

Valkosaari
Blekholmen

Olympia-
terminaali
（オリンピア・
ターミナル）

Luoto
Klippan

● Sea Horse
シー・ホース
Fabrik

218

D | E | F

Map

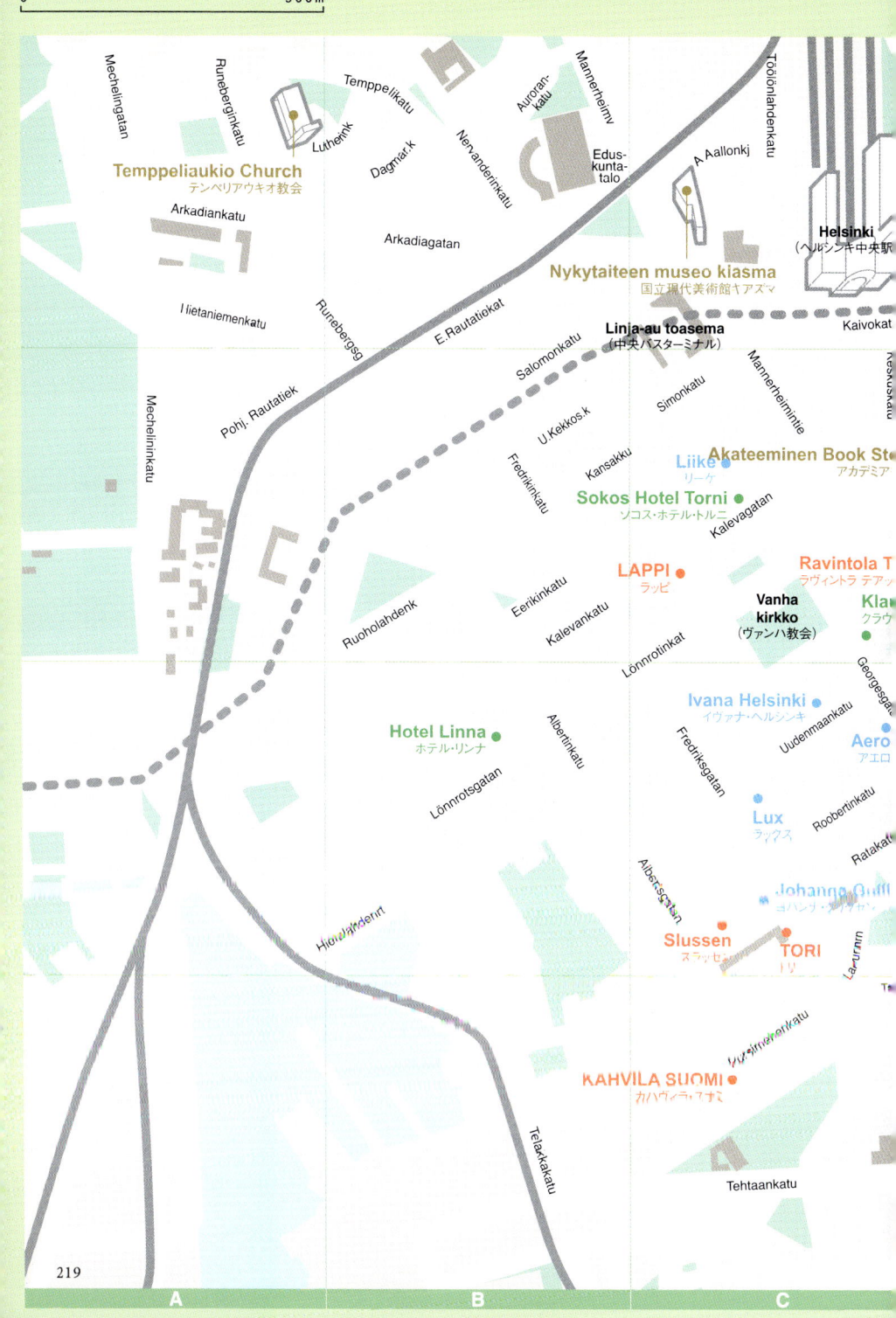

Temppeliaukio Church
テンペリアウキオ教会

Nykytaiteen museo kiasma
国立現代美術館キアズマ

Linja-au toasema
(中央バスターミナル)

Helsinki
(ヘルシンキ中央駅)

Akateeminen Book St
アカデミア

Liike
リーケ

Sokos Hotel Torni
ソコス・ホテル・トルニ

LAPPI
ラッピ

Ravintola T
ラヴィントラ テア

Vanha kirkko
(ヴァンハ教会)

Kla
クラ

Ivana Helsinki
イヴァナ・ヘルシンキ

Aero
アエロ

Hotel Linna
ホテル・リンナ

Lux
ラックス

Johanna G
ヨハンナ・

Slussen
スルッセン

TORI
トリ

KAHVILA SUOMI
カハヴィラ・スオミ

Streets: Mechelingatan, Runeberginkatu, Temppelikatu, Dagmar.k, Nervandrinkatu, Aurorankatu, Mannerheimv, Eduskuntatalo, A Aallonkj, Töölönlahdenkatu, Lutherink, Arkadiankatu, Arkadiagatan, Ilietaniemenkatu, Runebergsg, E.Rautatiekat, Kaivokat, Keskuskatu, Pohj. Rautatiek, Salomonkatu, U.Kekkos.k, Simonkatu, Mannerheimtie, Mechelininkatu, Fredrikinkatu, Kansakku, Kalevagatan, Ruoholahdenk, Eerikinkatu, Kalevankatu, Georgsgat, Lönnrotinkat, Albertinkatu, Fredriksgatan, Uudenmaankatu, Roobertinkatu, Ratakat, Lönnrotsgatan, Hietalahderrt, Albertsgatan, Laurinm, Telakkakatu, Yrjönkatu, Tehtaankatu

0 500m

219

A B C

| オスロ | Oslo |

St.Olavs.

Universitet Oslo
(オスロ大学)

Torpedo
トルペド

One
ワン

Südøst
スードオスト

Dog A
ノルウェーデザイン建築センター

Annen Etasje Brukthandel
アネン・エターシャ・ブルクトハンデル

egjerings-
ygningen
(政府庁舎) Grubbeg

Karl
hans gate

Kirkegate

Jazz
ヤズ

Oslo Domkirke
(オスロ大聖堂)

Prinsens gate

Hovedpostkontoret
(中央郵便局)

Biskop Gunnerus G

Oslo Sentralstasjon
(オスロ中央駅)

220

D　　E　　F

0
400m
Wergelandsveien
Pilestredet
Kunstindustri
Parkveien
Slottsparken
（王宮公園）
St.Olavs G.
Det Kongelige Slottet
（王宮）
Clarion Collection Hotel Savoy
クラリオン・コレクション・ホテル・サヴォイ
Nasjonalgalleriet
国立美術館
Kristian Augusts gata
Frederiks G.
Universitetsg
Drammensveien
Løkkeveien
Norway Designs
ノルウェー・デザインズ
Nationaltheatret
（国立劇場）
HaakonVII's.g.
Stortingsg
KartJohans gate
Konsert
huset
（コンサート
ホール）
Roald-
Am.g.
Fridtjof
Nansens
plass
Dronning
Maudsgata
Christiania
クリスチャニア
Rådhuset i Oslo
（オスロ市庁舎）
Munkedamsveien
A
B
C

4か国共通

主要な航空会社

スカンジナビア航空
Tel：03-5400-2331
+45-70-10-20-00（デンマーク）
www.flysas.co.jp

フィンランド航空
Tel：0120-700-915
+358-(0)9-818-503（フィンランド）
www.finnair.co.jp

コペンハーゲン

日本での情報収集

●在日デンマーク王国大使館
Tel：03-3496-3001
www.ambtokyo.um.dk/ja

●スカンジナビア政府観光局
www.visitscandinavia.or.jp

市内の観光拠点

●コペンハーゲン・ツーリスト・インフォメーション
(Copenhagen Tourist Information)
住所：Vesterbrogate 4A　DK 1620 Copenhagen V
Tel：+45-70-22-24-42
営業時間：1〜4月、9〜12月 9:00〜16:00（月〜金）、土曜〜14:00
5・6月 9:00〜18:00（月〜土）、7・8月 9:00〜20:00（月〜土）
日曜 10:00〜18:00
定休日：9〜6月の日曜、1/1, 3/27, 28, 12/25, 26, 30
www.visitcopenhagen.com

●Use it - Youth Information Center
住所：Huset, Rådhusstræde 13, 1466
Tel：+45-33-73-06-20
www.useit.dk

現地での緊急時に

●日本大使館
住所：Pilestræde 61, DK-1112 Copenhagen
Tel：+45-33-11-33-44
www.dk.emb-japan.go.jp

●コペンハーゲン警察
Tel：+45-33-15-38-01

●警察、消防、救急車（緊急時）
Tel：112

●ツーリスト医療サービス
Dr. Jesper Nygaard（イェスパー・ニューゴ）
Tel：+45-33-93-63-00

Denmark

ストックホルム

日本での情報収集

●在日スウェーデン大使館
Tel：03-5562-5050
www.sweden.or.jp

●スカンジナビア政府観光局
www.visitscandinavia.or.jp

市内の観光拠点

●ストックホルム・ツーリスト・センター
(Stockholm Tourist Center)
住所：Sverigehuset, Hamngatan 27, Stockholm
Tel：+46-(0)8- 508-28-508
営業時間：9:00〜19:00
（土曜 10:00〜17:00　日曜 10:00〜16:00）
定休日：1/1, 12/24・25
www.stockholmtown.com

現地での緊急時に

●日本大使館
Tel：+46-(0)8-579-353-00
Gårdesgatan 10 S-115 27 Stockholm
www.japansamb.se

●ストックホルム警察
Tel：+46-(0)8-401-00-00

●警察、消防、救急車（緊急時）
Tel：112

●医療相談サービス（24時間体制）
Tel：+46-(0)8-528-528-00

Sweden

Information
旅のインフォメーション

ヘルシンキ

日本での情報収集

●在日フィンランド大使館
Tel：03-5447-6000
www.finland.or.jp/ja

●フィンランド政府観光局
Tel：03-3501-5207
www.moimoifinland.com
www.finlandcafe.com

市内の観光拠点

●ヘルシンキ観光案内所
（Helsinki Tourist Information）
住所：Pohjoisesplanadi 19
Tel：+358-(0)9-169-3757
営業時間：9:00 ～ 20:00
（土・日10:00 ～ 16:00）
www.hel.fi/tourism
www.visithelsinki.jp

現地での緊急時に

●日本大使館
住所：Unioninkatu 20-22、00130 Helsinki
Tel：+358-(0)9-686-0200
www.fi.emb-japan.go.jp

●警察（緊急）
Tel：+358-(0)9-10-022

●消防、救急車（緊急時）
Tel：112

●電話医療サービス（24時間）
Tel：+358-(0)9-10-023

finland

オスロ

日本での情報収集

●在日ノルウェー大使館
Tel：03-3440-2611
www.norway.or.jp/

●スカンジナビア政府観光局
www.visitscandinavia.or.jp

市内の観光拠点

●オスロ・ツーリスト・インフォメーション
（Tourist Information Office）
住所：Fridtjof Nansens Plass 5、0160 Oslo
Tel：+47-815-30-555
営業時間：4 ～ 6月、9月 9:00 ～ 17:00（月～土）
6 ～ 8月 9:00 ～ 19:00（毎日）
10 ～ 3月 9:00 ～ 16:00（月～土）
定休日：4・5、9月の日曜、10 ～ 3月の土・日
www.visitoslo.com

現地での緊急時に

●日本大使館
住所：Wergelandsveien 15、0244 Oslo
Tel：+47-22-99-16-00
www.no.emb-japan.go.jp

●警察（緊急）
Tel：112

●消防、救急車（緊急時）
Tel：110（消防）、113（救急車）

●オスロ・緊急医療センター
（24時間営業）
Tel：+47-22-11-80-80

Norway

デザイン好きのための
北欧トラベル案内
Travel guide book of Scandinavian stay and design

北欧スタイル編集部◎編

発行人	角　謙二
発行・発売	株式会社枻出版社
	〒158-0097
	東京都世田谷区用賀4-5-16
	編集部　(03) 3708-1869
	販売部　(03) 3708-5181
印刷・製本	三共グラフィック株式会社
編集	北欧スタイル編集部、大野麻里
デザイン	ピークス株式会社

http://www.ei-publishing.co.jp
©Ei Publishing Co.Ltd.
ISBN978-4-7779-0768-7
Printed in Japan

本書の無断複写・複製・転載を禁じます。
落丁・乱丁本は弊社販売部にご連絡下さい。
すぐにお取り換えいたします。
定価はカバーに明記してあります。

本書に掲載されている内容ならびに価格、住所、電話番号、
webサイトなどのデータは2007年4月現在のものです。
本書は弊社刊行『北欧スタイル』No.1〜12に掲載された記事を再編集、構成し直したものです。
これらの書物の刊行にご協力をいただいた方々にあらためてお礼申し上げます。

for tasty life
枻出版社